© EDITIONS MOLIÈRE. Paris
Originaltitel: La Mythologie Egyptienne
Texte: Aude Gros de Beler
Mitarbeit: F. B.

© 2001 der deutschsprachigen Ausgabe:
KOMET MA-Service und Verlagsgesellschaft mbH, Frechen
Übersetzung aus dem Französischen: Frauke Watson, Callian
Redaktion: Das Redaktionsbüro, Köln
Satz: ce redaktionsbüro für digitales publizieren, Erkelenz
Gesamtherstellung:
KOMET MA-Service und Verlagsgesellschaft mbH, Frechen
Alle Rechte vorbehalten
ISBN 3-89836-199-3

Bildnachweis

Umschlag:
Grab Sethos' I. im Tal der Könige
West-Theben, Oberägypten, J. de Beler

Seite 7:
Amun unter den Gesichtzügen von Tutanchamun
Karnak, Oberägypten, H.Champollion

Seite 8:
Die Katzengöttin Bastet
Louvre, RMN

Seite 11:
Stele im Serapeum mit dem Apisstier
Louvre, RMN

Seiten 112 und 129:
Schmuckschild mit Isis und Nephthys
Louvre, RMN

Réunion de Musées Nationaux:
1, 8, 11, 13, 14/15, 19, 20/21, 27, 30/31, 33, 37, 42/43, 45, 46/47, 49, 50/51, 53, 55, 56/57, 59, 63, 68/69, 73, 75, 79, 80/81, 84, 89, 107, 108/209, 112, 129, 136
Jean de Beler:
2/3, 16/17, 23, 25, 39, 61, 65, 67, 77, 87, 91, 93, 95, 97, 98/99, 101, 103, 111

Slide/Bavaria: 35

Slide/Hahn: 29

Slide/Steffens: 40/41

DIE GÖTTER UND GÖTTINNEN ÄGYPTENS

Aude Gros de Beler

Vorwort
Aly Maher El Sayed

DIE GÖTTER
UND GÖTTINNEN
ÄGYPTENS

VORWORT

Sich mit der ägyptischen Mythologie zu beschäftigen, bedeutet das nicht auch, zu versuchen, die Wurzeln der Spiritualität zu erfassen und jenseits aller religiösen Spaltungen jenes Licht zu erkennen, dem seit Jahrtausenden das metaphysische Streben der Menschheit gilt?

Zwar ist man sich heute darüber klar, dass die Geschichte an den Ufern des Nil ihren Ursprung nahm; doch dass Religion und Spiritualität hier gleichfalls ihre Wurzeln haben, ist weniger bekannt. Vielleicht liegt es daran, dass man sich vom Glauben dieses Volkes, das viele Götter, oft in Tiergestalt, verehrte, allzu leicht eine falsche Vorstellung macht.

In die Götterwelt des alten Ägypten einzudringen, heißt ebenfalls, die oft komplexen Beziehungen zwischen Göttern und Menschen zu untersuchen; bestrebt zu sein, durch all jene halb menschlichen, halb tierischen Erscheinungsformen die göttliche Natur zu erfassen, die sich durch alle Zivilisationen zieht.

Es bedeutet, jenen Gottheiten zu begegnen, die einst über Leben und Tod, Himmel und Erde, Licht und Finsternis, Tag und Nacht, Ordnung und Chaos herrschten ... die Vielgestaltigkeit dieser Götter zu begreifen, die jeweils einer Abstraktion auf der Suche nach dem Absoluten entsprungen sind ... Gottheiten, die allesamt Re, dem Sonnengott, entsprangen, der vom hohen Himmel aus über das Universum herrscht, dem Quell allen Lebens, die geistige Substanz der Welt und all seiner Lebewesen auf dem Weg in die Unsterblichkeit.

Dieses Buch ist keine theologische Abhandlung, sondern eher ein Handbuch, in dem mehr als fünfzig Götter vorgestellt werden, und das uns eine Vorstellung des Göttlichen nahe bringt, die am Ende gar nicht so verschieden von der unseres eigenen Jahrhunderts ist ... Der Götter sind viele, doch im Grunde sind sie alle eins; sie sind nicht im Besitz der ganzen, der einzigen Wahrheit, sondern nur eine ihrer symbolischen Verkörperungen: Mit ihren Tempeln, Pyramiden und Statuen wiesen die alten Ägypter stets auf das Unfassbare hinter dem Sichtbaren hin; und ihr Kult um Leben und Tod und die Bestrebungen, das Fortbestehen des Körpers über den Tod hinaus zu garantieren, diente letztlich der Wiederauferstehung des Geistes und dem Eingehen der Seele in die Unendlichkeit.

Auch heute noch, zu Beginn des dritten nachchristlichen Jahrtausends, hat jene mehr als viertausend Jahre alte Philosophie, auf der die Mythologie des alten Ägypten beruht, uns viel an Wahrheit und Weisheit zu bieten.

Aly MAHER EL SAYED
Ägyptischer Botschafter in Frankreich

INHALT

VORWORT VON Aly MAHER EL SAYED 9

DIE GÖTTER ÄGYPTENS 12–112
Sonnen- und Schöpfergott: Amun 12
Gott der Mumifizierung: Anubis 14
Heiliger Stier: Apis 18
Kosmischer Widersacher: Apophis 20
Sonnenscheibe: Aton 22
Schöpfergott: Atum 24
Katzengöttin: Bastet 26
Beschützergott: Bes 28
Die Erde: Geb 30
Nil- und Fruchtbarkeitsgott: Hapi 32
Sphinx von Gizeh: Harmachis 34
Falkengott: Haroeris 34
Gott der Kindheit und des Heimes: Harpokrates 36
Himmelsgöttin und Göttin der Freude: Hathor 38
Schöpfergott: Harachte 42
Vertreter der Götter auf Erden: Horus 44
Sonnengott: Hurun 47
Universalgöttin: Isis 48
Schöpfer- und Sonnengott: Chepre 50
Schutzherr der Nilquellen: Chnum 52
Sohn- und Mondgott: Chons 54
Göttin der Gerechtigkeit: Maat 58
Fruchtbarkeitsgott: Min 58
Kriegsgott: Month 60
Muttergöttin: Mut 60
Lotosgottheit: Nefertem 62
Schöpfergöttin: Neith 64
Schutzgöttin Oberägyptens: Nechbet 66
Schutzgöttin der Verstorbenen: Nephthys 70
Urozean: Nun 71
Himmelsgöttin: Nut 72
Gott des Jenseits und der Verstorbenen: Osiris 74
Schutzgöttin Unterägyptens: Wadjet 76
Schöpfergott: Ptah 78

Schutzgötter der Kanopen: Die vier Söhne des
     Horus 82
Sonnen- und Schöpfergott: Re 83
Schutzgöttin der Nilquellen: Satet 85
Göttin der Sonnenstrahlung: Sechmet 86
Skorpiongöttin: Selket 88
Gott der Heilkunst: Serapis 90
Göttin der Wissenschaften und der Mathematik:
     Seschat 92
Gott des Bösen und des Donners: Seth 94
Gott der Luft und des Lebensatems: Schu 96
Krokodilgott: Sobek 100
Gott der Schmiede und des Jenseits: Sokar 100
Göttin der Nilflut und der Fruchtbarkeit: Sothis . . . 102
Die Erde: Tatenen 104
Göttin der kosmischen Ordnung: Tefnut 105
Gott des Mondes und der Wissenschaften: Thot . . . 106
Schutzgöttin der Frauen und Kinder: Thoeris 110

ANHANG 113–128
Karte von Ägypten 113
Einige Götter: Ikonographie und
     Verkörperung 114–115
Einige Göttinnen: Ikonographie und
     Verkörperung 116–117
Die Symbole: Amulette, Zepter und Kronen . . . 118–119
Lexikon der Gottheiten 120–121
Glossar 122–123
Chronologie 124–125
Hieroglyphen 126–128

BIBLIOGRAFIE 130

REGISTER 131–133

Amun

Amun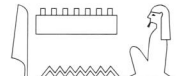

In der Triade mit der Göttin Mut und dem Sohn-Gott Chons verbundene Sonnen- und Schöpfergottheit, in Theben unter dem Namen Amun-Re verehrt; seit dem Mittleren Reich dynastische Gottheit Ägyptens.

Haupt-Kultort: Karnak / Luxor (Oberägypten)
Verkörperung: Menschengestalt mit einem Kopfschmuck aus zwei langen Federn.

Zwar wird dieser Gott in den Texten als »König der Götter« bezeichnet – doch wenn man sich seine Mythologie betrachtet, ist er durch nichts für diese Rolle prädestiniert. Während des Alten Reiches schien *Amun* fast unbekannt zu sein; sein Name findet sich einige wenige Male in den »Pyramidentexten«, die zuerst in der 5. Dynastie unter dem Pharao **Unas** erscheinen. Seine eigentliche Integration in das ägyptische Pantheon findet erst im Mittleren Reich statt. Er erscheint zunächst in **Theben** und gewinnt dann allmählich an Macht und Einfluss. Im Laufe der Zeit nimmt er die Charakteristika zahlreicher anderer Gottheiten in sich auf, bis er schließlich zu Beginn der 18. Dynastie als Reichs-, Dynastie-, Universal- und Schöpfergott auftritt.

Selbst die Herkunft *Amuns* ist ein ziemliches Rätsel. Für die einen ist er – mit seiner Partnerin *Amaunet* – eine der acht Urgottheiten in der Kosmographie von **Hermupolis**. Für die anderen ist er eine zentralägyptische Gottheit der Luft, des Windes und der Atmosphäre. Wieder andere sind überzeugt, dass er ursprünglich aus **Theben** stammte, da sich hier einst sein Hauptheiligtum befand. Doch was auch immer *Amuns* Herkunft war, es ist jedenfalls ziemlich offensichtlich, dass er bis zum Mittleren Reich innerhalb der ägyptischen Religionsausübung eine eher sekundäre Rolle spielte. Während der 12. Dynastie gewann er jedoch an Bedeutung und wurde sehr schnell zum unbestrittenen Herrn des ägyptischen Pantheon. Die Priesterschaft beschloss daraufhin, ihm eine eigene Theologie zu schaffen, die dieser neuen Rolle gerecht wurde. So vereinigt die thebanische Amun-Verehrung neben Elementen aus **Hermupolis**, **Heliopolis** und **Memphis** auch völlig neue, originelle Charakterzüge in sich. Zu Anbeginn aller Zeiten, hieß es nun, entsprang die Schlange *Kematef*, »*die, welche ihre Zeit erfüllt hatte*«, den Urwassern des *Nun* an der Stelle des späteren **Theben**. Diese setzte den Schöpfungsprozess in Gang, und als ihre Zeit gekommen war, gebar sie *Irta*, »*den, der die Erde erschuf*«, und fiel in einen tiefen Schlaf. *Irta* erschuf sodann das Universum – zuerst die Erde und dann die acht Urgottheiten, die sich daraufhin nach **Hermupolis**, **Memphis** und **Heliopolis** begaben, um die Sonne, *Ptah* und *Aton* ins Leben zu rufen. Von ihrem kolossalen Werk erschöpft, zogen sie sich nach **Theben** zurück und fielen, wie *Kematef* und *Irta* vor ihnen, in einen ewigen Schlaf. Die thebanische Priesterschaft hatte *Amun* dadurch zu *Kematefs* Ba gemacht: Als Schöpfergott trug *Amun* nun auch die Wesenszüge des ersten Schöpferwesens *Kematef* und war so mit diesem austauschbar.

Man nennt *Amun* auch »den Verborgenen«, was zu verstehen ist als »*jemand, dessen Natur sich dem Verstehen entzieht*«. Es ist seine besondere Charakteristik, dass niemand das innerste Wesen des Götterkönigs begreifen kann. **Herodot** berichtet dazu von einer Legende, in der sowohl *Amun* als auch sein Sohn *Chons* erscheinen. »*Herakles, so erzählen sie, sehnte sich danach, seinen Vater Zeus zu sehen, der sich ihm aber nicht zu zeigen wünschte. Angesichts der Ausdauer des Herakles gab der Gott jedoch schließlich nach. Er opferte einen Stier, kleidete sich in dessen Haut und trug seinen Kopf vor dem Gesicht: So zeigte er sich vor Herakles.*« Die Namen *Zeus* und *Herakles* entsprechen denen des *Amun* und des *Chons*, denn nach **Herodot** »*ist Amun der Name der Ägypter für Zeus*«. So ist *Herakles*, der Sohn des *Zeus* und der *Alkmene,* niemand anderer als *Chons*, der Sohn des *Amun* und der *Mut*. Oft dienen die tierischen Erscheinungsformen eines Gottes der Verschleierung oder dazu, einen anderen Gott zu verwirren. Die Stiergestalt des *Amun* symbolisiert die Schöpfungskraft sowohl der Sonne als auch jene Kraft, die lebende Wesen hervorbringt. Diese Maskierung ermöglichte es *Amun*, sich seinem Sohn zu zeigen, ohne zugleich seine innerste Natur preiszugeben. Man muss dazu verstehen, dass *Amun* im Laufe der Zeit die Charakteristika einer Sonnen- und Schöpfergottheit angenommen hatte: Unter dem Namen *Amun-Re* wurde er zum Sonnengott von **Heliopolis**, als *Amun-Min* war er der Gott der Fruchtbarkeit und Schöpferkraft.

In seiner Eigenschaft als oberster Reichsgott steht er in enger Verbindung mit der Königswürde. Seit Beginn des Neuen Reiches tritt der Pharao als fleischgewordener Sohn des *Amun* auf: Er ist die Frucht der Verbindung des Gottes mit der königlichen Gattin. Dadurch wird eine Brücke zwischen dem Reich der Götter und den Menschen geschlagen; so erklärt sich die erhabene Rolle des Pharao als Repräsentant der Götter auf Erden.

Amun und Mut

Diese Skulptur trägt den Namen des Maatmeri und ist eine Darstellung des Reichsgottes Amun in Begleitung seiner Gattin Mut. Amun ist erkennbar durch seinen Kopfschmuck in Form eines stilisierten Mörsers, der mit zwei hohen Federn gekrönt ist. Die Geiergöttin Mut trägt einen mit Geierflügeln verzierten Spitzenumhang und eine Geierfigur auf dem Kopf. Sie ist gekrönt mit dem Pschent, einer Kombination der Kronen von Ober- und Unterägypten; die Uräus-Schlange auf der Stirn soll die Feinde des Pharao vernichten. Das Paar sitzt auf einem Thron, auf dessen Sockel abwechselnd das Lebenssymbol Ankh, das göttliche Uas-Zepter und der Djed-Pfeiler der Stabilität erscheinen.
Neues Reich,
Louvre

Anubis

Anubis [hieroglyphs]

Illegitimer Sohn des Osiris und der Nephthys
Gottheit der Mumifizierung: göttlicher Vermittler
zwischen dem Verstorbenen und dem Totengericht
im Jenseits: Schutzgottheit der Nekropolen.
Haupt-Kultort: Cynopolis (Zentralägypten)
Verkörperung: Schakal oder Mensch mit Schakalkopf

Die Erscheinungsform des *Anubis* ist durch seine besondere Rolle im ägyptischen Pantheon bestimmt. Wie *Upuaut* von **Assiut** und *Khentimentiu* von **Abydos** gehört *Anubis* zur Gruppe der Hundegottheiten. Seine Figur ist der Schakal, der in den Wüstengebieten um die Nekropolen herumstreicht. Durch seinen Einfluss nahmen zahlreiche Totengottheiten im Laufe der Zeit Hundegestalt an und wurden zu Schutzgottheiten der Grabstätten.

Anubis war der illegitime Sohn des *Osiris* und der *Nephthys*. Der Legende nach entdeckte *Isis* nach dem Mord an ihrem Gatten *Osiris* durch dessen Bruder

Kindesstatt an. So wurde *Anubis* ihr Beschützer und treuester Gefährte.

In der Chronologie dieser Legende tritt *Anubis* erst auf, nachdem *Osiris* den Fehltritt bereits begangen hat – dieser muss kurz vor dessen Ermordung stattgefunden haben. Er wurde jedoch noch vor *Horus*, dem posthumen Sohn des *Osiris*, gezeugt. In der »Osirislegende« nämlich wird berichtet, wie *Anubis Isis* und *Nephthys* dabei hilft, die Einzelteile des von *Seth* zerstückelten Körpers von *Osiris* wieder zusammenzusetzen. Danach assistiert *Anubis* bei den Wiederbelebungsriten für den toten Gott. So ist er der Schöpfer der ersten Mumie und dadurch einer der Hauptverantwortlichen für die Wiederauferstehung des *Osiris*.

Nun tritt *Horus* auf den Plan. Nach der Wiederherstellung des Körpers von *Osiris* durch *Anubis* gelingt es der Magierin *Isis*, von ihrem toten Gatten ein Kind zu empfangen – *Horus*, den direkten und legitimen Nachfolger des *Osiris*. So ist ganz natürlich, dass *Anubis* durch seine Rolle bei der Wiederbelebung des *Osiris* zum Gott der Mumifizierung und zum Führer der Verstorbenen durchs Jenseits wird. Meistens ist er es, der den Toten an der Pforte zum Jenseits in Empfang nimmt. Wenn der Verstobene sich vor dem Totengericht des *Osiris* präsentieren muss, ist es *Anubis*, der als Vermittler fungiert. Er stellt ihn den Richtern vor und überwacht das Wiegen seines Herzens. Wenn der Verstorbene später aus irgendeinem Grund auf die Erde zurückkehren möchte, geht dies nicht ohne ausdrückliche schriftliche Genehmigung des *Anubis*.

Aufgrund seiner unterschiedlichen Funktionen hat *Anubis* mehrere Beinamen, die alle im direkten Zusammenhang mit seiner Rolle im Jenseits stehen: Als Gott der Mumifizierung ist er *»jener mit den Leinenbinden«*; er ist der *»Vorsteher des göttlichen Pavillon«*, in dem die Zeremonien der Einbalsamierung stattfinden; und in seiner Rolle als Wächter der Grabstätten und Führer der Toten durch das Labyrinth des Jenseits ist er der *»Herr der Nekropole«* oder *»er, der auf der Anhöhe thront«*.

Anubis ist uns heutzutage besonders dadurch bekannt, dass sich seine Darstellungen und Texte überall in den königlichen wie bürgerlichen Grabstätten des Niltals wiederfinden. Man sollte jedoch nicht vergessen, dass sich der Gott in pharaonischer Zeit außerdem einem sehr populären Kult erfreute, der in den religiösen Zentren des ganzen Landes weit verbreitet war – besonders in **Theben** und in **Memphis**. Sein Haupttheiligtum befindet sich in Zentralägypten, in **Cynopolis**, der »Stadt der Hunde«.

Seth, dass *Osiris* sie mit ihrer beider Schwester *Nephthys* betrogen hatte.

Dieser Liaison entsprang *Anubis*. Ein Kopfschmuck, den *Osiris* auf dem Bett der *Nephthys* liegen ließ, diente *Isis* als Beweis seiner Untreue. Man sagt jedoch, dass *Osiris* die Schwestern verwechselt hatte ...

Da sie den Ärger ihres Gatten *Seth* fürchtete, verbarg *Nephthys* das Neugeborene in den Binsen. *Isis*, die selbst kein Kind von ihrem Gatten hatte, machte sich daraufhin landauf, landab auf die Suche nach ihm. Als sie das Baby endlich gefunden hatte, nahm sie es an

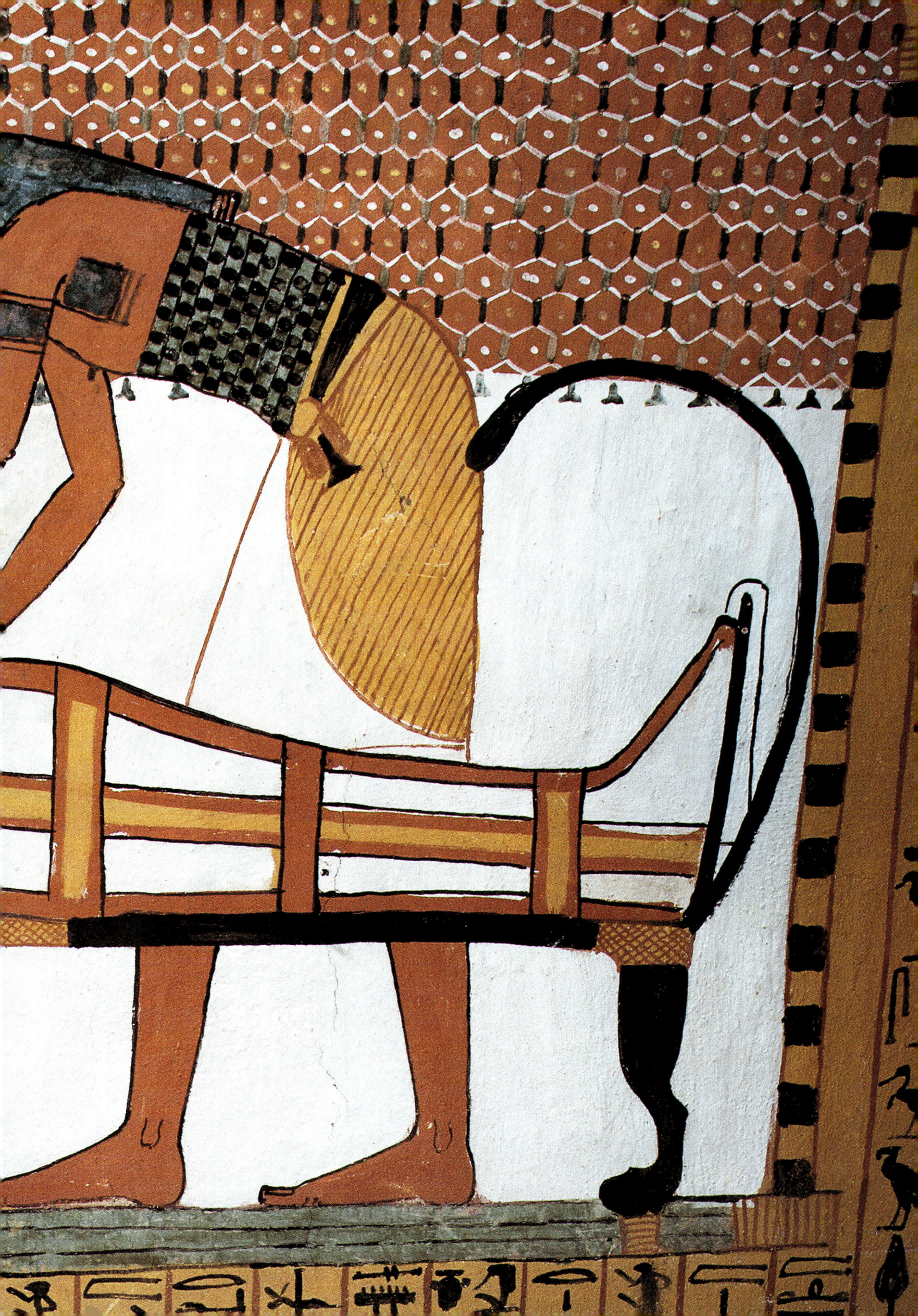

Apis

Apis

Sohn einer von Ptah geschwängerten Kuh
Heiliger Stier, irdischer Repräsentant des Ptah,
steht auch mit Osiris und Re in Verbindung
Haupt-Kultort: Memphis (Unterägypten)
Verkörperung: mit einer Sonnenscheibe gekrönter
Stier
Heilige Stiere wurden im Serapeum in Memphis
bestattet

Der Apisstier

Die Nekropole der Apisstiere in Memphis, gemeinhin Serapeum genannt, wurde im Jahre 1851 von dem französischen Archäologen Auguste Mariette entdeckt. Sie besteht aus einer Reihe von Tunneln, von denen große Grabkammern mit den Sarkophagen der heiligen Stiere abgehen. Wahrscheinlich wurden die Grabkammern nach der Bestattung zugemauert, doch war das Serapeum selbst für die Gläubigen stets zugänglich, wovon die dort zu Hunderten gefundenen Votivgaben heute noch zeugen. Dies sind zumeist Stelen von unterschiedlicher Qualität, die an den Wänden neben den Grabkammern angebracht wurden. Sie stellten den Stifter in Anbetung des Apistieres dar, welcher als irdischer Repräsentant des Ptah sowie des Re und des Osiris galt.
Epoche des Niedergangs,
Louvre

Eine ägyptische Gottheit kann sich ihrer Gemeinde auf verschiedene Weise präsentieren. Die traditionelle Basis stellt die Kultstatue dar, der der Gott dem Volksglauben nach innewohnt. Oft jedoch tritt dieser auch in einer bestimmten Tiergestalt auf: *Horus* als Falke, *Thot* als Ibis, *Sobek* als Krokodil, *Bastet* als Katze ... Daher entwickelte sich bald der Brauch, im Herzen der Tempelanlagen lebende Kultidole zu hegen und zu pflegen: Dies sind die berühmten »heiligen Tiere«, von denen die Reisenden der Antike berichten. Obwohl er schon in alter Zeit entstanden war, machte der Kult der heiligen Tiere doch besonders während der Epoche des Niedergangs eine erstaunliche Entwicklung durch. In den Tempelanlagen sorgten Züchter für das Wohlergehen von Tausenden von Kulttieren. Aus dieser Zeit stammen auch die Nekropolen, in denen riesige Mengen an mumifizierten heiligen Tieren bestattet wurden.

Auch der Kult des Stieres folgte diesem Schema. Ursprünglich war der *Apisstier* das Sinnbild der Schöpferkraft und das fruchtbare Tier par excellence. Mit der Zeit gewann er weitere Eigenschaften hinzu: Er wurde nun mit dem König und verschiedenen Gottheiten assoziiert. Er war die offizielle Verkörperung des *Ptah*, dem Schöpfergott von **Memphis**. Später kamen noch die Charakteristika der Sonne und des Jenseits hinzu, jeweils verkörpert durch *Re* und *Osiris*. Von nun an hatte der Apiskult einen besonderen Status in Ägypten, denn er vereinigte die drei wichtigsten göttlichen Aspekte in sich: die Schöpfung (*Ptah*), das Leben (*Re*) und den Tod (*Osiris*). Sein Hauptheiligtum befindet sich in **Memphis**: *Apis* regiert im Süden des Tempels von *Ptah*.

Die Auswahl eines heiligen Tieres beruhte auf einer Reihe von Auswahlkriterien, die von der Priesterschaft des betreffenden Gottes bestimmt wurden. Im Gegensatz zu manchen Kulten, in denen das heilige Tier jedes Jahr wechselte, wurde der *Apisstier* anhand be-

stimmter Zeichen ausgewählt und verkörperte den Gott bis zu seinem Tod. »*Der Stier, der den Namen Apis erhält, trägt die folgenden Zeichen zur Schau: Er ist schwarz mit einer dreieckigen weißen Blesse, hat ein Zeichen in Form eines Adlers auf dem Rücken, doppelt gelockte Schwanzhaare und ein Skarabäus-Zeichen unter der Zunge*«, berichtet **Herodot**. Nach dem Tode des *Apisstieres* machte sich die Priesterschaft des *Ptah* im ganzen Land auf die Suche nach einem neuen Tier mit diesen Charakteristika. Einmal gefunden, wurde es nach **Memphis** geführt und war für den Rest seines Lebens der neue heilige Stier. Er hatte dort einen Harem von Kühen um sich sowie einen Priester, der sich Tag und Nacht um sein Wohlergehen kümmerte. Dem Glauben nach war der *Apisstier* der Sohn einer Kuh, die von *Ptah* in Form einer himmlischen Flamme geschwängert worden war.

Es ist wieder **Herodot**, der uns mit diesem Detail versorgt: »*Dieser Apis ist ein Stier, von einer Kuh geboren, die fortan keine Kälber mehr tragen kann. Die Ägypter sagen, dass ein Blitzstrahl vom Himmel auf das Tier hernieder fuhr, welche, so geschwängert, den Apisstier gebar.*« Die Mutter genoss dieselben Privilegien wie der Sohn: Sie hatte eine eigene Weide im Heiligtum des *Ptah* und wurde nach dem Tode ebenfalls mumifiziert; sie war im Leben wie im Tode ebenfalls Mittelpunkt eines eigenen Kultes.

Wenn man den Reiseberichten Glauben schenkt, dann war das Begräbnis eines *Apisstieres* eine spektakuläre Angelegenheit, da es sich in seiner Pracht in nichts von menschlichen Bestattungen unterschied. Der Stier wurde auf dieselbe Weise einbalsamiert: die Eingeweide separat vom restlichen Körper. Die Mumifizierung dauerte 70 Tage; danach wurde die körperliche Hülle in den Taltempel am Nilufer verbracht und anschließend in den Bestattungstempel nahe der Nekropole. Die meisten Grabstätten der Stiere befinden sich im so genannten **Serapeum** in **Saqqara**. Es handelt sich dabei um eine Reihe von unterirdischen Tunneln, von denen die den Stieren geweihten Grabkammern einzeln abgehen. Die Sarkophage sind erstaunlich: Sie bestehen zumeist aus schwarzem Granit von ungefähr 4 Metern Länge, 2,50 Metern Breite und 3 Metern Höhe. Es wurden 24 Sarkophage dieser Art im **Serapeum** gefunden. In älterer Zeit waren die Stiere in hölzernen Särgen bestattet, die nicht erhalten sind. Eine Vielzahl an Gegenständen, die um das **Serapeum** herum gefunden wurde – Statuetten, Stelen oder *Ushebti*-Figuren – zeugen von der großen Bedeutung des Apiskultes seit Anbeginn des Neuen Reiches.

Apophis

Apophis	
Universelle Feindfigur. Inbegriff des Bösen und der Kraft der Zerstörung	
Verkörperung: Riesenschlange	

Der Kampf gegen die Schlange Apophis

Seit Beginn des Neuen Reiches wird den Toten eine Art Handbuch für das Jenseits aus Papyrus oder Leder mit ins Grab gegeben. Dieses »Totenbuch«, von den alten Ägyptern »Formeln für das Verlassen des Tages« genannt, hat 180 Kapitel, in denen dem Verstorbenen Anweisungen für eine glückliche Existenz im Jenseits gegeben werden. Sie bestehen aus einer Reihe von illustrierten Beschwörungsformeln, deren Rezitation und bloße Gegenwart den Besitzer wiederbeleben, unsterblich machen, ihm volle Bewegungsfreiheit im Jenseits versprechen sowie alles herbeischaffen sollen, was er für das Leben dort braucht. Denn er muss sich schließlich ernähren, gegen die Gefahr eines zweiten Todes schützen; vielleicht möchte er auf die Erde zurückkehren oder sich gegen den Angriff böser Mächte schützen, besonders dem der dämonischen Schlange Apophis, die immer wieder das Weltgleichgewicht ins Wanken zu bringen versucht. Was auch immer der Anlass ist – es gibt für alles die richtige Formel, um dem Verstorbenen ein gefahrloses und angenehmes Leben im Jenseits zu garantieren.
Neues Reich,
Louvre

Es gibt nur wenige Dokumente, in denen die Schlange *Apophis* beschrieben wird. Einzig und allein im Tempel von **Esna** in Oberägypten befindet sich ein spezifischer Hinweis auf die Herkunft des Ungeheuers. Der Text erläutert, dass *Apophis*, »*der, welcher ausgespuckt wurde*«, aus dem in den Urozean gefallenen Speichel der Göttin *Neith* entstanden war. Die anschließend entstandenen Götter wiesen diesen Auswurf von sich, so dass *Apophis* in eine ewige Revolte getrieben wurde. Er symbolisiert das Böse, die zerstörerische Kraft und das Chaos. Er ist der Feind der Götter par excellence, der kosmische Widersacher, der jeden Morgen und jeden Abend die Sonnenbarke angreift, in der Hoffnung, die Schöpfung durch ihr Sinken zu unterbrechen. Dieser ewige Kampf, das Symbol des Konflikts zwischen Chaos und kosmischer Ordnung, wird immer wieder in den Texten beschrieben, die sich mit dem Sonnenlauf befassen, besonders im »**Buch dessen, was sich im Duat befindet**« – wobei mit **Duat** das Jenseits gemeint ist.

Apophis präsentiert sich in Form einer riesenhaften Schlange, die die Tiefen der Finsternis bewohnt. Man glaubte, dass sich unter der Welt ein riesiger Abgrund auftat, der bewohnt wurde von den Sündern, die beim Totengericht für mangelhaft befunden wurden, und den Feinden der Götter, darunter besonders *Apophis*. Diese Finsternis ist das Symbol der Nicht-Existenz: die, die sich dort befinden, existieren nicht mehr. Jeden Tag taucht *Apophis* aus dem Abgrund auf, um mit dem Sonnengott zu kämpfen; jeden Tag wird er aufs Neue besiegt und muss wieder in den Tiefen der Nicht-Existenz verschwinden. Diese Symbolik wurde in griechisch-römischer Zeit mit *Uroboros* wieder aufgegriffen, »*dem, der seinen Schwanz verschluckt*«: Der geschlossene Kreis symbolisiert die Weltordnung, die ringsherum vom Nichts bedroht wird.

Zwei Gottheiten stehen besonders mit der Zerstörung des *Apophis* im Zusammenhang: *Isis* und *Seth*. *Isis* setzt ihre magischen Kräfte ein, um die Schlange zu bannen. Sie steht vorn auf der Sonnenbarke und beschwört sie zu sich herauf – durch ihre Zauberei wird das Ungeheuer aller Kräfte beraubt und kann sich nir-gendwo festsetzen. Dieses erleichtert die Vernichtung, da, wie bekannt, die Götter über zahllose Augen und Ohren verfügen, damit sie die Schlange *Apophis* besser bekämpfen können. Was *Seth* betrifft, so wurde ihm vom Sonnengott persönlich ein Platz in der göttlichen Barke zugewiesen, wo er als Hauptverteidiger gegen die Attacken des zerstörerischen Ungeheuers auftritt.

Im Alltag der alten Ägypter wird dieser ewige Kampf immer wieder durch die Vielzahl der Beschwörungsrituale thematisiert, die die bösen Mächte im Allgemeinen und *Apophis* im Besonderen bannen sollen. Man benutzt dazu eine kleine Statuette in einer der Erscheinungsformen der dämonischen Schlange (Flusspferd, Oryxantilope oder Schildkröte), auf der der Name *Apophis* eingraviert ist. Nach dem Rezitieren eines Zauberspruches zerkratzt man die Statuette und wirft sie ins Feuer. Auch im Jenseits gibt man Acht, sich gegen Angriffe des Ungeheuers zu schützen. In Kapitel 34 des »Totenbuch« mit dem Titel »*Um den Dämon Apophis zu bekämpfen*« findet sich ein langes Beschwörungsritual, um die Macht der finsteren Schlange abzuwehren.

Aton

Aton

Sonnen- und Schöpfergott zur Zeit Amenophis IV.
Haupt-Kultort: Tell el-Amarna (Zentralägypten)
Verkörperung: Sonnenscheibe, deren Strahlen in
Hände auslaufen, die das Kreuz des Lebens halten

Aton – die Sonnenscheibe

In Tell el-Amarna, der Haupt-stadt des Reiches unter Echna-ton, wurden viele bürgerliche Grabstätten direkt in die umliegenden Felswände der arabischen Bergkette gehauen. Die Qualität der Dekoration ist sehr unterschiedlich, auch sind die meisten von den Anhängern der Amun-Priesterschaft schwer beschädigt worden: Um jeden Hinweis auf die Aton-Verehrung auszumerzen, die die Sonnenscheibe für einige Zeit zum höchsten Gott Ägyptens erhoben hatte, wurden die Namen und Gesichter der Besitzer systematisch entfernt. Dadurch geben diese Grabstätten heute wenig Information her. Dies ist eine typische Szene der Amarna-Zeit: Aton wirft seine Strahlenhände auf das Königspaar Echnaton und Nofretete, während die Prinzessinnen Sistrum spielen. Die ganze Familie ist mit den typischen langen Gesichtszügen und Schädeln, femininen Brüsten sowie fetten Bäuchen und Schenkeln dargestellt.
Bürgerliches Grab,
Neues Reich,
Tell el-Amarna, Zentralägypten

Im ägyptischen Pantheon gibt es eine Reihe von Gottheiten, die die Sonne und insbesondere die von ihr ausgehende Schöpferkraft personifizieren. So ist die menschliche oder tierische Gestalt dieser Sonnengottheiten zudem noch mit weiteren Attributen versehen, die sie als Träger dieser solaren Macht erkennbar machen. Der Gott *Harachte* z. B., der »*Horus des Horizonts*« ist ein mit der Sonnenscheibe gekrönter Mann mit einem Falkenkopf. Der **thebanische** Gott *Amun-Re* erscheint in Menschengestalt und trägt einen Kopfschmuck aus zwei langen Federn, zwischen denen ebenfalls die Sonnenscheibe thront. Wenn man jedoch die Sonne in ihrer gemeinhin sichtbaren Gestalt beschreiben oder beschwören will, bedient man sich der Bezeichnung *Aton*.

Dieser Name taucht zuerst in den »**Pyramidentexten**« des Alten Reiches auf und meint zunächst nur die Sonne an sich. Ein regelrechter Sonnenkult beginnt sich erst in der 18. Dynastie, besonders unter der Regierung *Amenophis' III.*, zu entwickeln. Doch es ist erst sein Sohn *Amenophis IV.*, besser bekannt als *Echnaton*, der für eine Zeitlang die Sonnenscheibe zur obersten Gottheit, dem Hauptgott der Dynastie, erhebt. Um diese religiöse Umwälzung ranken sich zahlreiche Theorien. Manche vermuten dahinter politische Motive; andere wieder sehen in der Häresie eine ausschließlich religiöse Bewegung, während wieder andere die Ursachen in der sehr exzentrischen Person *Amenophis' IV.* selbst suchen. Die Wahrheit wird sich wahrscheinlich irgendwo in der Mitte befinden: Vor dem politischen Hintergrund der allgegenwärtigen Macht der Priesterschaft des *Amun* entwickelt sich der Wunsch, die Sonne in ihrer mächtigsten und offensichtlichsten Erscheinung, der Sonnenscheibe, zu verehren – und das unter der komplizierten Persönlichkeit des Monarchen selbst, zugleich Denker und Philosoph, Mystiker und Fanatiker.

Die Regierungszeit *Amenophis' IV.* ist dadurch gekennzeichnet, dass sich der Pharao der extremen Macht der Priesterschaft des *Amun*, dem »*König der Götter*«, nur allzu bewusst ist. Der Hohepriester kann sich in seinem Einfluss durchaus mit den obersten Würdenträgern des Landes messen: Er ist der Herr über immense Güter, die sich der königlichen Kontrolle völlig entziehen. Doch Versuche, diese klerikale Macht zu bannen, tragen erst in der Regierung *Echnatons* Früchte: Im Jahr 4 bricht er endgültig mit der **Amun**-Priesterschaft, verlässt **Theben** und errichtet eine neue Hauptstadt in **Akhetaton**, »*dem Horizont des Aton*«.

An einem Standort, der »*von Aton selbst bezeichnet*« wurde, entwickelt sich eine Stadt, in der die königliche Familie und der Hofstaat ausschließlich dem Gotte *Aton* Ehre erweisen, der zum alleinigen Schöpfergott erhoben wurde: »*der Vater der Väter und die Mutter der Mütter*«. In gewisser Weise macht dieser neue Kult den Gott allgemein zugänglich, denn um *Aton* anzubeten, braucht man sich nur der Sonne zuzuwenden. Doch bedeutet die bloße Sichtbarkeit der Sonne am Himmel nicht, dass der Gott von den gewöhnlichen Sterblichen dadurch in allen Aspekten erfasst werden kann. Um sich zu manifestieren, bedarf es eines Vermittlers, da dieser Gott von keinerlei Bildnis, Statue oder heiligem Tier repräsentiert wird. Wer ist für die Vermittlerrolle besser geeignet als der Pharao selbst? Er ist von nun an der einzige Prophet des Gottes und dessen irdisches Abbild: Die Gläubigen beten nunmehr ein Altarbild des Königs an. Die fundamentale Rolle des *Echnaton* spiegelt sich auch im Kunststil dieser häretischen Epoche wieder. Der Pharao ist der Vertreter eines androgynen Gottes, der die Einheit vor dem Schöpfungsakt repräsentiert. Daher lässt er sich mit Charakteristika beider Geschlechter darstellen: Er erscheint zumeist als Mann mit erstaunlich langgezogenen Gesichtszügen, aufgeblähtem Bauch, fetten Schenkeln und fast weiblichen Brüsten.

Diese Vermittlerrolle spiegelt sich auch in den Grabdekorationen jener Epoche wider. Normalerweise hätte die Tradition verlangt, dass sich der Verstorbene in der Gegenwart jener Gottheiten abbilden ließ, die ihn an der Pforte des Jenseits erwarten. Doch hier übernimmt *Aton* als Universalgott auch die Eigenschaften des *Osiris*, und auch im Jenseits kann auf den königlichen Vermittler nicht verzichtet werden. So drängen die Darstellungen des *Echnaton* den Besitzer des betreffenden Grabes völlig in den Hintergrund. Der Pharao erscheint in Anbetung der Sonnenscheibe, deren Strahlen in Hände auslaufen, die das **Ankh** halten – das Symbol des Lebens, das der Pharao in sich aufnimmt. Durch diese schlichte Geste wird *Aton* zur Quelle allen Lebens; auf ihm allein beruht alle Existenz.

Atum

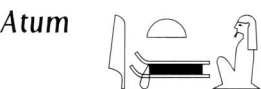

> *Atum*
>
> *Schöpfergott von Heliopolis, Inkarnation der untergehenden Sonne*
>
> *Haupt-Kultort: Heliopolis (Unterägypten)*
>
> *Verkörperung: Mann ohne besondere Attribute*

Der Schöpfungsmythos von Heliopolis

Hierbei handelt es sich um die Entstehungsgeschichte von neun Göttern, die die Urmächte der geordneten Welt darstellen. Dieser Mythos, entwickelt von der Priesterschaft von Heliopolis, nennt drei Generationen von Göttern, die aus dem Schöpfer, dem Sonnengott Re-Atum-Chepre, hervorgingen: Schu und Tefnut, Nut und Geb, Osiris, Isis, Horus der Alte, Seth und Nephthys.

Atum stellt eines der Grundprinzipien der ägyptischen Theologie dar. Er ist ein Sonnen- und Schöpfergott, der besonders in **Heliopolis** verehrt wurde. Um seine wahre Natur zu verstehen, muss man wissen, dass jede Gottheit des ägyptischen Pantheon »**cheperu**« in sich trägt: eine Qualität, die sich nicht übersetzen lässt. Man kann sie umschreiben als die Summe von zeitlich begrenzten und sich ergänzenden Eigenschaften einer Gottheit. Jede dieser Eigenschaften ist eine Facette der göttlichen Person, die diese in einem zeitlich genau definierten Rahmen darstellt. So sind z. B. die verschiedenen Phasen der Sonne deren »**cheperu**«: ***Chepre*** ist die aufgehende Sonne; ***Re*** die Sonne am Zenit und ***Atum*** die untergehende Sonne. Alle drei sind Repräsentationen der Sonne, jedoch in einem genau definierten Rahmen. Oft ist in den Mythen und Legenden von **Heliopolis** vom »*universellen Herrn*« die Rede, dem Schöpfergott von **Heliopolis**. Es handelt sich dabei um die Sonne an sich, doch wird diese stets umschrieben mit ***Chepre***, ***Atum-Re***, ***Re-Atum-Chepre***, ***Re-Atum*** usw.

In **Heliopolis**, der »*Stadt der Sonne*«, wird zu ***Atum*** gebetet. Hier entwickelte die Priesterschaft eine eigene Kosmogonie, die sich um einen Schöpfergott und neun Urgottheiten rankt: der große Schöpfungsmythos von **Heliopolis**. In ihm wird berichtet, dass vor der Schöpfung nur **Nun**, das Chaos oder das Nichts, existierte.

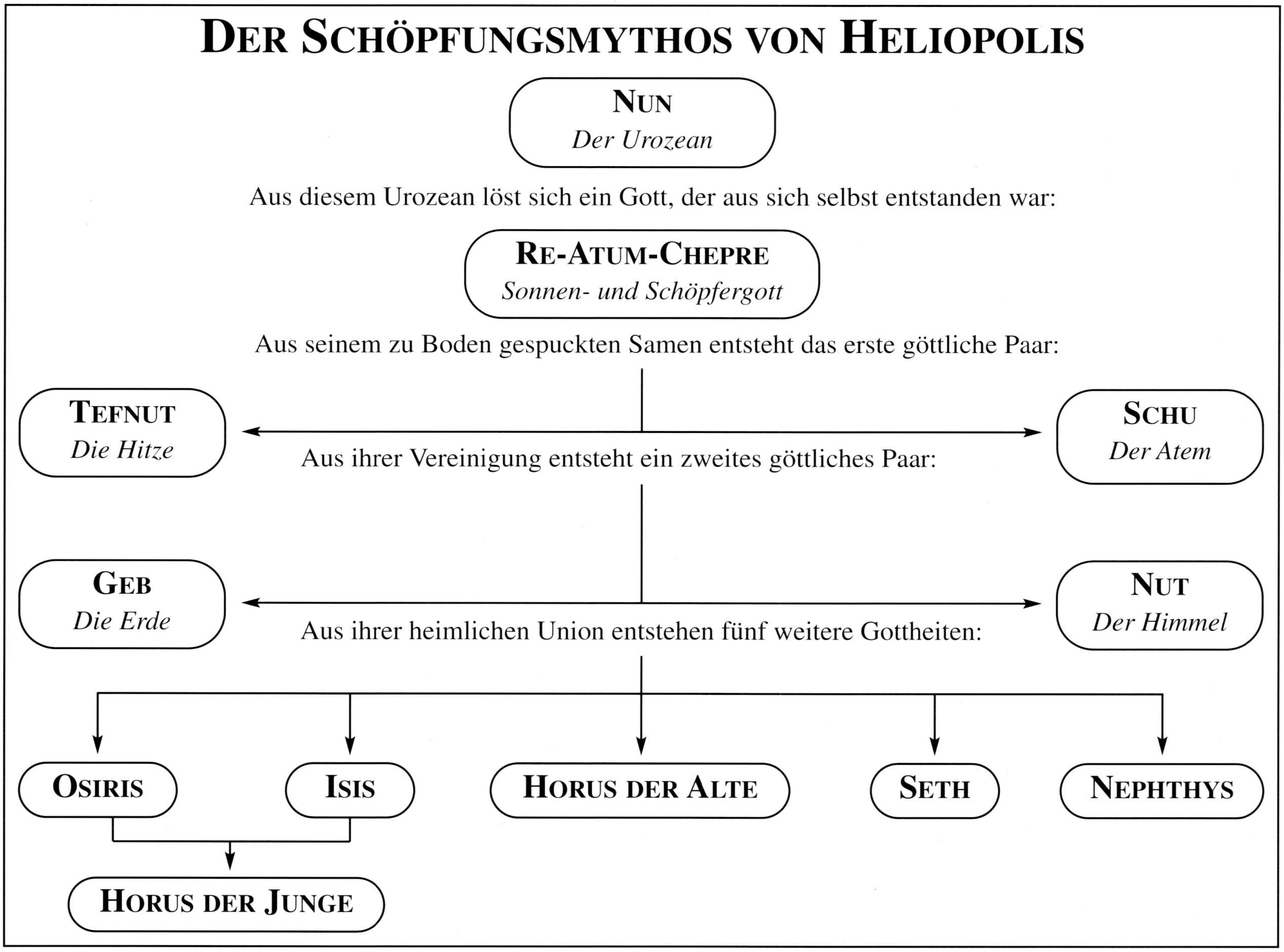

DER SCHÖPFUNGSMYTHOS VON HELIOPOLIS
NUN
Der Urozean
Aus diesem Urozean löst sich ein Gott, der aus sich selbst entstanden war:
RE-ATUM-CHEPRE
Sonnen- und Schöpfergott
Aus seinem zu Boden gespuckten Samen entsteht das erste göttliche Paar:
TEFNUT
Die Hitze
SCHU
Der Atem
Aus ihrer Vereinigung entsteht ein zweites göttliches Paar:
GEB
Die Erde
NUT
Der Himmel
Aus ihrer heimlichen Union entstehen fünf weitere Gottheiten:
OSIRIS
ISIS
HORUS DER ALTE
SETH
NEPHTHYS
HORUS DER JUNGE

In diesem Urozean befand sich eine noch unbewusste Kraft, die sich ganz allmählich zu einer von **Nun** verschiedenen und selbstständigen Einheit entwickelte. Diese Einheit hatte weder Mutter noch Vater und hatte sich demnach selbst erschaffen: »er, der aus sich selbst hervorging«. Im Allgemeinen bedienen sich die alten Ägypter des Namens *Atum*, wenn sie dieses erste Wesen meinen. Dieser Demiurg vereinte viele verschiedene Persönlichkeiten in sich. Eine Passage im »**Totenbuch**« erklärt dieses scheinbare Paradox: »*Ich bin Atum, wenn ich allein dem Nichts entsteige, doch ich bin Re in seiner leuchtenden Erscheinung, wenn ich mich anschicke, über das zu herrschen, was ich geschaffen habe.*«

So muss man *Atum* als das schöpferische Prinzip verstehen, und *Re* als den Impuls hinter der Manifestation der Schöpfung. Nachdem er einmal begriffen hat, dass er lebt, muss der Demiurg den Schöpfungsakt damit beginnen, sich selbst einen Körper zu geben. Dies ist der Legende nach in **Heliopolis** geschehen, wo er sich in einem pyramidenförmigen Stein, dem **Ben-ben**,

manifestierte: der Verfestigung eines Sonnenstrahles. Nun kann *Atum* seine Schöpfung beginnen: »*Nun, da sich mein Geist als fähig erwiesen, nahm die Idee der Schöpfung vor mir Gestalt an, und da ich allein war, tat ich, was mir gefiel.*« Dieses Zitat aus dem **Bremner-Rind-Papyrus** demonstriert, dass die Schöpfung als willentlicher Akt des Demiurgen betrachtet werden muss. Doch der geistige Schöpfungsakt ist untrennbar mit dem körperlichen verbunden, der erst die Lebewesen und Dinge ins Leben ruft; die Texte versäumen es nie, uns mit den diesbezüglichen Details zu versorgen. So wird an einer anderen Stelle desselben Papyrus berichtet, wie *Atum* das erste göttliche Paar, *Schu* und *Tefnut*, gebar: »*Ich vereinigte mich mit mir selbst, so dass sie aus mir hervorgingen, nachdem ich mich mit meiner Hand selbst befriedigt hatte und mein Samen meinem Munde entfloss.*« Das erste Paar entsprang einem willentlichen Akt des Demiurgen. Alle weiteren zahlreichen Generationen von Göttern verdanken ihre Existenz dem ganz normalen Zeugungsakt.

Re-Atum-Chepre

In der Kosmogonie von Heliopolis wird die Entstehung der Welt dem Sonnengott zugeschrieben, der in der dreifachen Identität Re-Atum-Chepre erscheint. Chepre ist der Morgen und die aufgehende Sonne; sein Emblem ist der Skarabäus. Re ist der Mittag, wo sich die Sonne am Zenit befindet; sein Symbol ist die Sonnenscheibe. Atum ist der Abend und die untergehende Sonne; er tritt auf als alter Mann oder mit einem Widderkopf. Diese Darstellung aus dem Grab Sethos' II. illustriert die dreifache Identität: In der Szene finden sich der Skarabäus, die Sonnenscheibe und die Menschengestalt des Atum.
Grab 15 von Sethos II.,
Tal der Könige,
Neues Reich, West-Theben,
Oberägypten

25

Bastet

Bastet	

Tochter und Auge der Sonne: sie ist die Personifikation der friedfertigen Eigenschaften ansonsten ge-
fährlicher Göttinnen wie Sechmet
Haupt-Kultort: Bubastis (Unterägypten)
Verkörperung: Katze oder katzenköpfige Frau

Es gibt mehrere ägyptische Göttinnen, die als Töchter des Sonnengottes **Re** gelten: **Hathor, Tefnut, Sechmet, Maat** und **Bastet**. Wie auch immer ihr Name, sie manifestieren sich stets als Auge der Sonne. Jede symbolisiert einen Aspekt der Sonnenenergie und nimmt dementsprechend Namen und Erscheinungsformen an, die je nach dem Mythos, in den sie eingebunden sind, verschieden sein können. In ihrer Inkarnation der Sonnenstrahlung sind sie unverzichtbare Werkzeuge für die Erhaltung der Schöpfung, denn nur die Aussendung seiner Lebensenergie ermöglicht es dem Sonnengott, den Fortbestand der Existenz zu garantieren.

Ihre Doppelfunktion im Herzen der kosmischen Organisation ist geprägt von einem inneren Widerspruch: Einerseits müssen sie in der Nähe des Sonnengestirns bleiben und sich andererseits fortwährend von ihm fortbewegen. Sie dürfen ihren Vater nie verlassen, da er auf die Ernährung und Erneuerung durch sie angewiesen ist. Eine Passage aus den »**Sarkophagtexten**« erläutert diese existenzielle Funktion. Wir befinden uns am Beginn der Schöpfung, als der Sonnengott gerade das erste göttliche Paar erschaffen hat: »*Atme deine Tochter* **Maat** *ein, hebe sie an deine Nase, um dein Herz zu beleben. Gib Acht, dass deine Tochter* **Maat** *und dein Sohn* **Schu***, dessen Name auch Leben ist, sich nie von dir entfernen.*« Doch die Töchter der Sonne sind auch die Lichtbringerinnen der Erde, und so müssen sie sich regelmäßig von ihrem Vater hinweg bis an die Grenzen der Schöpfung entfernen, um die Finsternis soweit wie möglich fortzuschieben.

Manche Mythen sind entstanden, um diesen Widerspruch zu klären: Sie erklären und rechtfertigen das fortwährende Hin und Her der Sonnentöchter. Deren Persönlichkeit ist so zweischneidig wie ihre Mission; oft vereinen sie in sich völlig gegensätzliche Charaktere: Sie sind gleichzeitig Wohltäterinnen und Zerstörerinnen, friedfertig und bedrohlich. Ihr aggressiver Aspekt erklärt sich durch den fortwährenden Kampf gegen die Mächte des Chaos; der friedfertige Aspekt erinnert an ihre Rolle als Erhalterinnen der Schöpfung.

Eine dieser Sonnentöchter ist **Bastet**: Sie vereinigt in sich die Charakteristika Furcht erregender Göttinnen, besonders der Löwin **Sechmet**. Es scheint den alten Ägyptern so schwer gefallen zu sein, diese beiden Göttinnen zu unterscheiden, dass sie von beiden als ein- und derselben Gottheit sprachen: freundlich und friedfertig als **Bastet** und Furcht erregend und zerstörerisch als **Sechmet**.

Ursprünglich erscheint sie als löwenköpfige Frau; in einer Hand hält sie das Lebenssymbol **Ankh**, in der anderen ein Zepter. Später übernimmt sie die Ikonographie der Katze: hochaufgerichtet und majestätisch und mit Schmuck behängt; als katzenköpfige Frau mit einem Musikinstrument oder Sistrum in den Händen – oder als Katzenmutter, ihre Jungen säugend. In dieser letzten Verkörperung fungiert sie beim Volk auch als Schutzherrin der Geburten.

Ihr Haupt-Kultort befindet sich im Nildelta, im heutigen **Tell Basta**. Einst nannte sich die Stadt **Per-Bastet**, das »*Haus der Bastet*«, was in der griechischen Zeit zu **Bubastis** wurde. **Herodot** hat uns eine der besten Beschreibungen des Ortes hinterlassen – heute liegt er in Trümmern, doch einst muss er wunderbar gewesen sein: »*In dieser Stadt befindet sich ein der Göttin* **Bastet** *gewidmeter Tempel, der es verdient, erwähnt zu werden: Andere sind vielleicht imposanter und reicher, doch keiner bereitet den Augen größere Freude.*« Er spricht von einem Heiligtum im Zentrum der Stadt, umgeben von zwei großen Kanälen, die den Ort zu einer Insel machen. Im Inneren, berichtet er weiter, »*umringt ein Wald aus hohen Bäumen ein riesiges Heiligtum, in dem die Statue der Göttin residiert*«. Ein Pfad, der vom Tempel bis zu einer Kapelle des **Thot** führte, »*war von Bäumen gesäumt, deren Spitzen den Himmel berührten*«. In einem anderen Kapitel erläutert **Herodot**, sichtlich fasziniert vom Kult der **Bastet**, deren religiöse Zeremonien: »*Die größte und wichtigste davon findet statt in* **Bubastis***, zu Ehren der* **Artemis** *(**Bastet**) ... Wenn die Ägypter den Festlichkeiten in* **Bubastis** *beiwohnen, betragen sie sich auf die folgende Weise: Sie kommen auf dem Flussweg, Männer und Frauen in großer Zahl, zu Haufen auf jedes Boot gepfercht ... In* **Bubastis** *angekommen, bereiten sie ihrer Göttin große Opfer und trinken im Laufe der Festlichkeiten mehr Wein als während des ganzen restlichen Jahres. Wenn man den Landleuten Glauben schenkt, kommen dorthin, Männer und Frauen zusammen (die Kinder nicht mitgerechnet), um die 700 000 Menschen.*«

Die Göttin Bastet

Die Katzengöttin Bastet vereinigt in sich die friedfertigen und die versöhnlichen Eigenschaften Furcht erregender und schrecklicher Göttinnen. Deshalb wohl florierte ihr Kult im ganzen Niltal. Sie ist wohltätig, friedfertig und liebenswert. Ihr Name beschwört Sanftmut, Ruhe und Entspannung herauf. Für die Hausfrauen war sie die Schutzherrin des Heimes und der Geburten. Sie erscheint, je nach Laune des betreffenden Künstlers, in verschiedenen Verkörperungen: als säugende Katzenmutter, hochaufgerichtete Katzengestalt oder als Frau mit Katzenkopf. Hunderte von Katzenstatuetten, Mumien und Amulette wurden in ihren Heiligtümern gefunden und zeugen von ihrer besonderen Beliebtheit im alten Ägypten.
Epoche des Niedergangs,
Louvre

Bes

Der Zwerg Bes

*Der bärtige, pausbäckige Gnom
mit den krummen Beinen und
verzerrten Gesichtszügen ist
Bes, der Beschützer der Frauen
und Kinder. Seine Hauptsorge
ist das Glück und Wohlergehen
der Familie. Mit seinen Tänzen
und Grimassen vertreibt er die
bösen Geister, beschützt die
Menschen vor negativen Einflüssen und sorgt für einen ru-
higen Schlaf. Daher erfreut er
sich beim Volk einer besonderen Beliebtheit. In der griechischen Epoche wird Bes dem
ägyptischen Pantheon offiziell
einverleibt und sein vordem
sehr privater Kult nimmt Einzug in die Tempel des Niltals.
Hiervon zeugt das Relief des
Bes aus dem Hathortempel in
Dendara.*
Tempel der Hathor,
Ptolemäische Epoche,
Dendara, Oberägypten

Neben den großen Göttern des ägyptischen
Pantheon gab es außerdem Dutzende von Nebengott-
heiten, deren Rolle darin bestand, über den Alltag der
Menschen zu wachen. Diese können sich natürlich in
keiner Weise mit den Hauptgöttern vergleichen, doch
was macht das schon – sie wurden vom Volk für das
Volk geschaffen und hatten so zuweilen sogar karika-
turistische Züge.

Bes gehört dieser Kategorie von Gottheiten an,
die bei den Widrigkeiten des täglichen Lebens stets
zugänglich und somit in den ägyptischen Haushalten
sehr beliebt sind. Schon seine Erscheinung ist wie geschaffen dafür, die Menschen zum Lachen zu bringen.
Er ist ein bärtiger, unförmiger Gnom mit krummen
Beinen und lachendem Gesicht. Im Bruch mit der
ägyptischen Tradition, Personen im Profil darzustel-
len, zeigt sich *Bes* stets von vorn. Seine Hauptaufgabe
besteht darin, die Menschen vor bösen Geistern und
widrigen Einflüssen und vor Reptilien, Skorpionen
und anderen gefährlichen Tieren zu beschützen. Durch
seinen grotesken Tanz und sein schreckliches Mienen-
spiel wendet er den bösen Blick ab und verjagt die
finsteren Dämonen. Er wacht in den Dörfern über die
Gebärenden und die Neugeborenen und beschützt die
Familien. Nachts, wenn alles schläft, geht er um und
vertreibt die bösen Mächte.

Daher ist seine Gegenwart unverzichtbar; man
ist gut beraten, stets sein Amulett bei sich zu tragen. In
den Wohnzimmern aller Häuser findet man einen ihm
geweihten Altar. Darauf befinden sich Statuetten des
Bes aus Terrakotta oder Keramik neben allerhand anderen Kultgegenständen. So sieht man dort z. B.
»**Horus auf den Krokodilen**«: Auf einer Stele steht
ein frontal abgebildeter junger *Horus* auf Krokodilen,

in den Händen Reptilien oder wilde Tiere, auf dem
Kopf ein Bild des Zwerges *Bes*. In die Rückseite sind
magische Formeln und Beschwörungen graviert: »*Du
beschützt mich vor den wilden Tieren der Wüste, den
Krokodilen des Stromes, den Schlangen und Skorpionen, den Insekten, die mit ihren Kiefern beißen und
mit ihrem Schwanz stechen, vor allen Reptilien, die
aus ihren Löchern heraus angreifen.*« Der Tradition
zufolge schützt man sich vor Angriffen von wilden
oder giftigen Tieren, indem man Wasser trinkt, in das
man zuvor die Stele unter Aufsagen von Zaubersprüchen getaucht hat.

Im Laufe der Jahrhunderte erwarb sich *Bes*
eine beispiellose Beliebtheit, die ihn den höchsten
Göttern des ägyptischen Pantheon zur Seite stellte.
Auf den magischen Stelen in der Epoche des Nieder-
gangs sieht man viele Fabelgestalten, die gefährliche
Tiere abwehren sollen.

Diese Mischwesen setzen sich aus vielen verschiedenen Gottheiten zusammen: *Isis, Horus, Bastet*
und *Bes*. Um die Heil- oder Zauberwirkung verschiedener persönlicher Gegenstände zu erhöhen, ist auf
ihnen der junge *Horus* mit dem Furcht erregenden
Kopf des *Bes* abgebildet.

In der Ptolemäerzeit findet man praktisch überall Darstellungen des *Bes*: auf den Reliefs vieler Tempel des Niltals, auf Amuletten und Statuetten. Er
schafft es sogar, dem bis dato so beliebten »Horuskind«, *Harpokrates*, den Rang abzulaufen.

Im Grabtempel *Sethos' I.* in **Abydos** hat er
sogar sein eigenes Orakel. Die Gläubigen kommen
von weither und übernachten auf dem Tempelgelände,
um sich von *Bes* ihre Träume deuten zu lassen. An-
geblich soll das Orakel bis ins 4. Jahrhundert n. Chr.
bestanden haben. Die auf Papyrus oder Pergament geschriebenen Petitionen werfen ein deutliches Licht auf
die täglichen Kümmernisse der Bewohner des Niltals:
Mit Blick auf das Detail sind dort Fragen über die Zu-
kunft, zu beruflichen und familiären Problemen, Gesundheit oder Reiseaussichten beschrieben. Man
möchte wissen, ob man krank oder gesund wird, einen
Ehepartner finden oder ihn loswerden wird; ob man
befördert oder entlassen, der Vorgesetzte sich erzürnen
oder gar die Buchhaltung nachprüfen wird. Die überwiegende Mehrheit der an das Orakel gestellten Fragen dreht sich um die materiellen Aspekte des täglichen Lebens, kaum um philosophische Fragen.

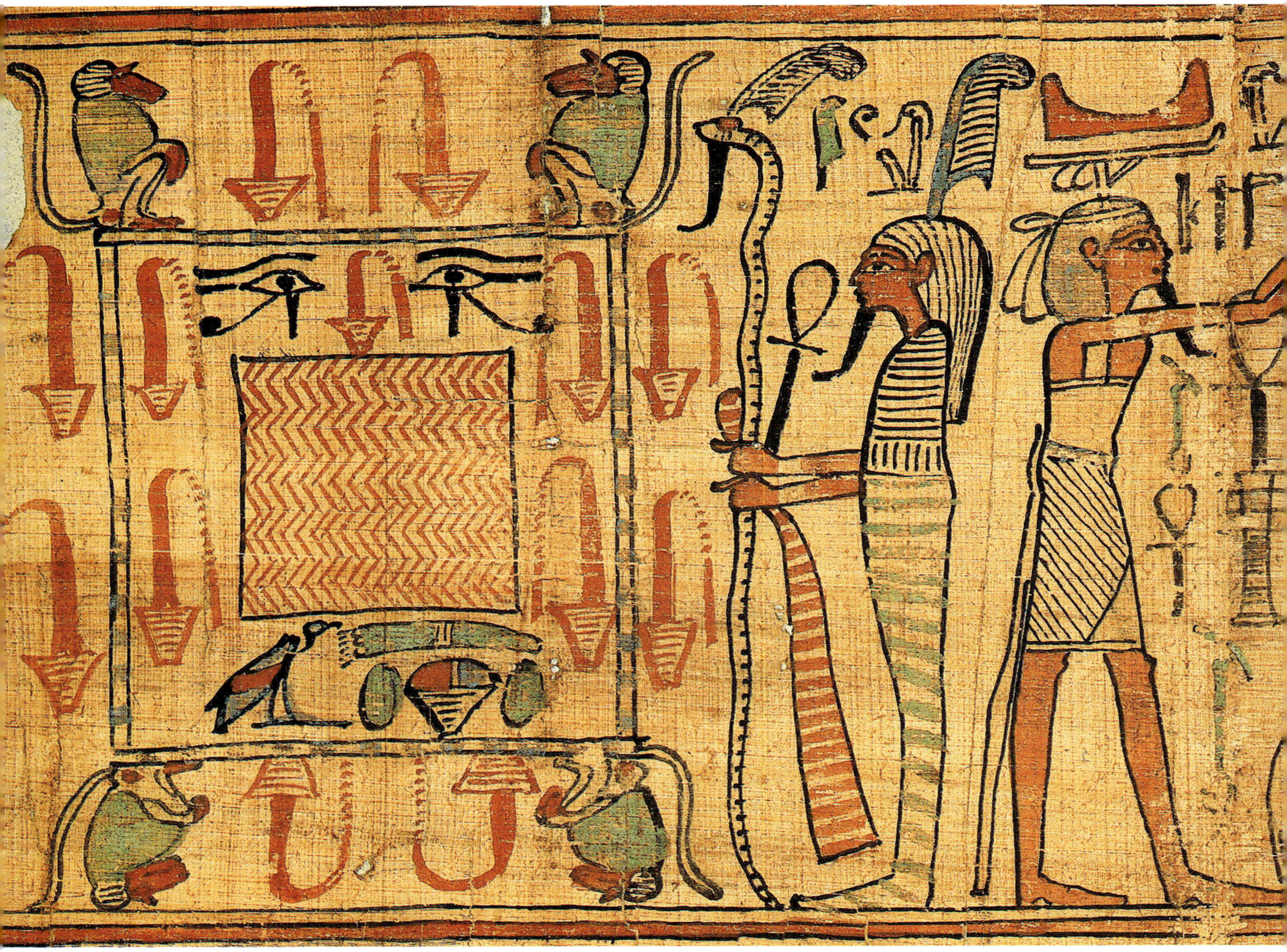

Geb

> Geb
>
> Sohn des Schu (der Atem) und der Tefnut (die Hitze)
> Bruder und Gatte der Nut (der Himmel)
> Vater von Osiris, Horus dem Alten, Isis, Seth und Nephthys
> Personifikation der Erde
> Verkörperung: auf der Erde ausgestreckter Mann

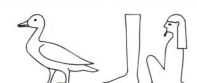

Im Schöpfungsmythos von **Heliopolis** bildet ***Geb*** ein Paar mit seiner Schwester, der Göttin ***Nut***. Sie beide gingen aus der Vereinigung des ersten göttlichen Paares ***Schu*** und ***Tefnut*** hervor, welche wiederum direkt dem Demiurgen entsprangen: der Sonnenscheibe. ***Geb*** ist die Personifikation der Erde und ***Nut*** symbolisiert den Himmel. Der Legende zufolge hatte der Schöpfer sie zunächst voneinander getrennt. Als ***Re*** jedoch gewahr wurde, dass ***Geb*** und ***Nut*** sich heimlich trafen, befahl er seinem Sohn ***Schu*** einzugreifen. Dieser schob sich zwischen die Körper, so dass ***Geb*** an die Erde und ***Nut*** an den Himmel gedrückt wurde. So wurde ***Schu*** zum Luftraum, der das Himmelsgewölbe von der Erde trennte. Außer ***Geb*** gibt es noch andere Personifizierungen der Erde: z. B. ***Pega***, ***Tatenen*** und ***Aker***. Im Grunde jedoch steht ***Geb*** für die Fruchtbarkeit des Erdbodens. Er herrscht über die Tiere und die Elemente; die Hügel, Täler und Berge sind seine Attribute.

Geb zeichnet sich aus durch seine Rolle im Herzen des irdischen Reiches. Als die Götter noch auf der Erde wohnten, saß er nach seinem Vater ***Schu*** und seinem Großvater ***Atum*** auf dem ägyptischen Thron. Ein

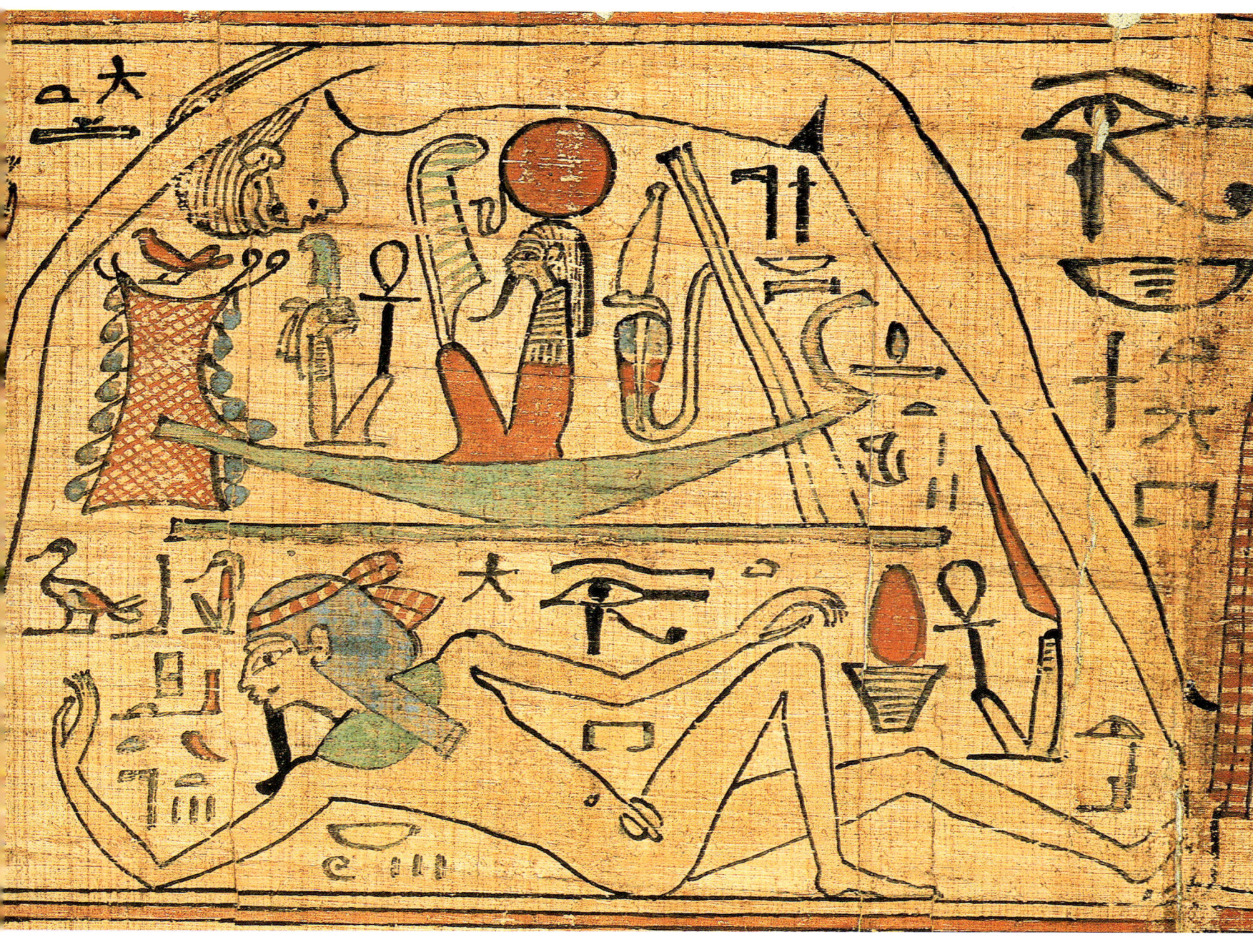

sehr interessantes Dokument, der »**Königliche Kanon von Turin**«, hält die genauen Regierungszeiten dieser »Gottkönige« fest, die zumeist der Gruppe von **Heliopolis** angehörten.

Im Königreich der Menschen wird der Vater nach dem Tode von seinem Sohn abgelöst. Im göttlichen Königreich ist das natürlich nicht möglich, da die Götter unsterblich sind. Hier beschließt jedoch zuweilen der regierende König aus Gründen, die uns oft unbekannt bleiben, abzudanken und den Thron seinem ältesten Sohn zu überlassen. Die Erbfolge scheint dabei der des Menschenreiches zu entsprechen. Zwar folgt der Sohn seinem Vater auf den Thron, doch ist seine königliche Macht erst dann effektiv, wenn ihm *Thot*, der göttliche Hofbeamte, die Ratifizierungsakte überreicht hat. Von da an erstreckt sich seine Macht auf die gesamte Schöpfung: Götter, Menschen und Elemente.

Der Bericht setzt dort an, wo die Menschen mit den Göttern zusammen die Erde bewohnen. Zu Anfang hat *Atum*, der Sonnen- und Schöpfergott, die Königsfunktion inne. Er überwacht sein Reich von **Heliopolis** aus. Doch die Jahre und die Jahrhunderte vergehen, und allmählich beginnt der Demiurg zu altern. Es kommt der Tag, an dem sich Götter und Menschen zu einer Revolte gegen ihn erheben und ihn zwingen, sich in die himmlischen Gefilde zurückzuziehen. Logischerweise ist es nun *Schu*, der nach seinem Vater den Thron besteigt. Für die nächsten Jahre scheint alles gut zu gehen: *Schu* lässt Tempel und Städte erbauen, wacht über das Weltgleichgewicht und achtet besonders darauf, dass keine kosmischen Feinde in das Universum eindringen. Doch all seine Vorsichtsmaßnahmen können nicht verhindern, dass sich erneut eine Revolte erhebt, und nach einem Kampf gegen das Chaos verlässt auch er die Erde.

Geb und Nut

Laut dem Schöpfungsmythos von Heliopolis entstieg die Sonne dem Urozean. Diese gebar Schu und Tefnut, welche die Eltern von Geb und Nut sind. Diese vereinigten sich heimlich, zum Ärger von Re, der seinem Sohn Schu befahl, die beiden zu trennen. Schu hob Nut an den Himmel und drückte Geb an die Erde. Die Passage aus dem Papyrus des Neskapashuty befasst sich mit dieser Szene. Oben ist Nut, der Himmel, unten Geb, die Erde. Auf einer Barke zwischen beiden befinden sich Schu und Tefnut, die das Paar gerade voneinander getrennt haben.
Dritte Zwischenperiode, Louvre

Während man auf *Gebs* Amtsbestätigung durch *Thot* wartet, bitten die Götter dessen Mutter *Tefnut*, einstweilen den Thron zu erhalten. Doch *Geb* kann es nicht erwarten, seine Herrscherqualitäten zu beweisen und entreißt seiner Mutter den **Thron**. Dann erfährt er, dass seine Vorgänger über eine unüberwindliche Waffe verfügten: die *Uräus-Schlange*, eine aufgerichtete Kobra, die das Auge der Sonne symbolisiert. Von der Stirn des Herrschers aus vernichtet sie alle Feinde der Sonne. Wild entschlossen, sich diese Waffe zu verschaffen, macht *Geb* sich auf den Weg zu seinem Vater. Mit der Hilfe einiger Getreuer gelingt es ihm, *Schu* die Schlange zu entreißen. Diese jedoch reagiert sofort und verbrennt *Geb* mit einem Feuerstrahl das Gesicht. Verwirrt fleht der zukünftige König den Sonnengott um Hilfe an. *Re* leiht ihm daraufhin seine Perücke, wodurch *Gebs* Verwundung sofort geheilt ist.

Wie dem auch immer gewesen ist, so besteigt *Geb* jedoch den Thron Ägyptens, und seine Regierung ist so ausgezeichnet, dass die späteren Könige als »Erben des *Geb*« betrachtet werden. Das Ende seiner Regierung liegt im Dunkeln. Nach einigen Legenden zettelt sein Sohn *Osiris* eine Revolte gegen ihn an. Um die Rebellion niederzuschlagen, beschließt *Geb*, *Osiris* zu töten. Doch bald wird ihm die Tragweite seiner Tat bewusst, und so gibt er *Osiris* das Leben wieder. Beschämt zieht *Geb* sich von der Erde zurück und überlässt seinem Sohn das irdische Königreich.

Hapi

Hapi

Personifizierung des Nil und der Nilfluten, der Fruchtbarkeit und des Überflusses
Haupt-Kultort: entlang des ganzen Niltals
Verkörperung: androgyne Gottheit mit fettem Bauch und hängenden Brüsten

Innerhalb des religiösen Systems Ägyptens wird die Mehrzahl der Elemente des Kosmos und der Natur durch die so genannten »Personifizierungen« dargestellt. Diese Gottheiten können sowohl Naturprinzipien als auch Abstraktionen, bestimmte Länder oder Orte repräsentieren, doch in der großen Mehrheit beziehen diese sich auf spezifische wirtschaftliche Gegebenheiten und sollen daher letztlich Fruchtbarkeit und Wohlstand heraufbeschwören. Doch gibt es im ganzen Pantheon keine einzelne Figur, die den Nil in seiner Eigenschaft als Fluss darstellt. Es gibt höchstens eine Reihe von Fruchtbarkeitsgottheiten, die den Überfluss und die Flut repräsentieren. Zwar stehen diese Eigenschaften in engem Zusammenhang mit dem Nil, doch machen sie ihn dadurch noch lange nicht zu einem separaten Element des Universums. Unter den verschiedenen Personifizierungen ist es einzig *Hapi*, die Verkörperung der Nilfluten, der sich einer autonomen Existenz und einer besonderen Beliebtheit erfreute.

In der Literatur nämlich wird der Nil als ein Wiederaufwellen *Nuns*, des Urozeans, betrachtet, der durch die Schöpfung hinter die Grenzen des Universums zurückgedrängt wurde. Im Urozean, so glaubt man, seien die Quellen des irdischen Flusses zu finden. Der Gott *Hapi* repräsentiert die Wasser des Nil: Er setzt sie in Bewegung, damit sie die fruchtbaren Überschwemmungen bringen. Dadurch bleibt der Nil eng mit dem Konzept des Urozeans verbunden; *Nun* ist sozusagen seine innerste Natur. Als Herr der Nilfluten repräsentiert *Hapi* die Fruchtbarkeit und den Überfluss. Seine Erscheinung ist androgyn, mit fettem Bauch und hängenden Brüsten. In den Armen hält er die Produkte des Nil: Blumen, Früchte und Fische. Er ist verantwortlich für die Fruchtbarkeit des Ackerlandes und dadurch Garant des Lebens. Aus diesem Grunde erfreut er sich eines sehr regen Kultes. In den Tempeln sind die Grundmauern oft mit Prozessionen dekoriert, in denen sich männliche und weibliche Personifizierungen des Nil abwechseln.

Für die Ägypter entspringt der Nil einer Höhle unterhalb des ersten Katarakts. Dort regieren der Gott *Chnum* und seine beiden Gefährten *Satet* und *Anukis*, die Hüter der Nilquellen. Ihre Hauptaufgabe ist es, jedes Jahr den fruchtbaren Schwemmsand freizugeben, der für die Düngung des Ackerlandes nötig ist. *Hapi*, der Herr der Nilfluten, personifiziert diesen Reichtum. Daher wird die Nilflut auch »*Hapis* Ankunft« genannt. Wenn die Wasser zu steigen beginnen, ist es demnach angebracht, an bestimmten Orten entlang des Flussufers Weihgaben von Nahrungsmitteln, Opfertieren, Amuletten und Frauenstatuetten in den Nil zu werfen, um den wunschgemäßen Verlauf der Flut zu gewährleisten. Diese außerordentliche Verehrung des Herrn der Nilfluten hat eine ganz logische Erklärung, denn während der gesamten Geschichte Ägyptens gab der Nil durch die Unregelmäßigkeit der Ankunft, des Volumens und der Dauer seiner jährlichen Überschwemmungen Anlass zur Sorge. Tatsächlich war mehr als die Hälfte aller Nilfluten unzureichend; es war daher lebensnotwendig, sich mit *Hapi* gut zu stellen.

Harmachis

Die Sphinx Harmachis

Einige hundert Meter von der Chephrenpyramide entfernt befindet sich Harmachis, »Horus am Horizont«, der majestätische Wächter des Plateaus von Gizeh. Im Neuen Reich wurden der Sphinx solare Attribute verliehen, die sie mit Re-Atum-Chepre, dem Sonnen- und Schöpfergott der Kosmogonie von Heliopolis identifizierten. Später übernahm sie ebenfalls die Charakterzüge des Hurun, einer durch eine Kolonie aus Kanaan importierten Gottheit. Beide vermischten sich daraufhin zu der Sonnengottheit Hurun-Harmachis. Die sitzende Löwenfigur ist 20 Meter hoch und 70 Meter lang und direkt in den Felsen gehauen, vermutlich unter der Regierung des Pharaos Chephren. Ihr Blick ist gen Westen gerichtet. Sie trägt das Nemes, das traditionelle Kopftuch der Pharaonen, und auf ihrer Stirn erhob sich einst die Uräus-Schlange, das Symbol des Sonnenauges.
Sphinx von Gizeh,
Altes Reich,
Gizeh, Unterägypten

Zwischen den Vorderpfoten der Sphinx von **Gizeh** befindet sich eine Stele *Thutmosis' IV.*, auf der von einem Traum des Königs berichtet wird, mit dem er seine Thronfolge legitimiert. Wir erfahren, wie der junge Prinz *Thutmosis* sich nach einer langen Jagdpartie in der Wüste im Schatten der Sphinx ausruhte. Er war erschöpft und fiel bald in einen tiefen Schlaf. Dabei erschien ihm der Gott *Harmachis* im Traum und sprach:

*»Schau mich an und staune, oh mein Sohn Thutmosis; ich bin es, dein Vater, **Harmachis-Chepre-Re-Atum**. Ich werde dir die Königswürde auf Erden verleihen, an der Spitze der Menschen; du wirst die weiße Krone und die rote Krone auf dem Throne des **Geb** tragen, als Erbe der Götter. Das Land wird dir gehören in der Länge und der Breite, und dazu alles, was das leuchtende Auge des Herrn des Universums erhellt. Die Früchte der Erde der beiden Länder werden dein sein; auch die Tribute der fremden Länder; und weiterhin ein sehr langes Leben. Mein Antlitz neigt sich dir zu, wie auch mein Herz; du bist mein Beschützer und mein Führer. Aber sieh, mein Zustand ist beklagenswert, denn der Wüstensand, der mich umgibt, steigt jeden Tag ein wenig höher. So komm her zu mir, damit du all mein Verlangen erfüllst.«*

So ließ *Thutmosis* die Sphinx vom Sand befreien und zur Belohnung gab *Harmachis* ihm den Thron. Dieser Text ist wohl als Propaganda für *Thutmosis IV.* zu verstehen. Er war nämlich vermutlich nicht der älteste Sohn *Amenophis' II.* und der Königin *Tiaa*. So wird sein Anspruch auf den Thron wohl Anlass zu Zweifeln gegeben haben, die er durch seinen prophetischen Traum zu zerstreuen hoffte: Schließlich ist er von dem Gott *Harmachis* selbst zum Thronerben Ägyptens bestimmt worden. Von diesem Moment an begann sich um die Sphinx von **Gizeh** ein eigener Kult zu formen. Sie war nun *Harmachis*, der »*Horus* des Horizonts«, und erhielt solare Attribute, die sie mit dem Schöpfergott *Re-Atum-Chepre* identifizierten.

Harmachis befindet sich im Osten der königlichen Nekropole, am Anfang der Straße, die zur Pyramide des *Chephren* führt. Seine riesige liegende Löwengestalt ist 20 Meter hoch und 70 Meter lang und wurde direkt in den Sandsteinfelsen gehauen. Sein Blick ist gen Westen gerichtet; dorthin, wo die Sonne und die Seelen der Verstorbenen verschwinden. In der 18. und 19. Dynastie erfreute sich der mit den solaren Charakteristika versehene *Harmachis* eines regen Kultes. *Thutmosis IV.* ließ seinen Tempel durch Ziegelanbauten erweitern, in denen sich Hunderte von Votivstelen ansammelten. Im Laufe der Zeit vermehrten sich die Kapellen rings um den Tempel, und die Sphinx von **Gizeh** wird zu einem regelrechten Wallfahrtsort. Auch die Pharaonen erwiesen ihm Ehre, und von *Thutmosis IV.* an bildete sich eine regelrechte Tradition: Jeder neue König ließ bei seiner Thronbesteigung die Sphinx vom Sand befreien. Wenn dies auch als leere Geste erscheinen mag, so bleibt doch zu erwähnen, dass die Sphinx noch in der Römerzeit durch den neu an die Macht gekommenen *Nero* eine gründliche Reinigung erfuhr.

Haroeris

»*Horus* der Große« oder »*Horus* der Alte« wird besonders in **Kom Ombo** verehrt, wo er sich ein Heiligtum mit dem Krokodilgott *Sobek* teilt. Er ist hier in einer Triade mit *Tasenetneferet*, der »guten Schwester«, und *Panebtaui*, dem »Meister der zwei Länder«, verbunden. Eine Reihe von Legenden verbindet ihn mit der Kosmogonie von **Heliopolis:** Er ist neben *Osiris, Isis, Seth* und *Nephthys* eines der fünf Kinder der Göttin **Nut**. Nach der Überlieferung befand sich *Horus der Alte*, der amtierende König der Götter, im Konflikt mit seinem Bruder *Seth*. Wie zu erwarten, handelte es sich dabei um Meinungsverschiedenheiten über die Thronfolge. Es kam zum Duell zwischen den beiden Gegnern, in dessen Verlauf *Horus der Alte* ein Auge und *Seth* seine Hoden verlor. Jeder der beiden verließ darauf den Kampfplatz mit seiner Trophäe, die er fortan eifersüchtig hütete.

Am Ende erreicht *Seth*, was er will: Er tötet *Horus*, der durch diesen Mord zu *Osiris* wird, wie eine Passage aus den »**Pyramidentexten**« erläutert: »*Horus, der in Osiris ist*«. Später nämlich wird *Horus* neugeboren – als posthumer Sohn der *Isis* und des *Osiris*. Es entbrennt daraufhin ein erneuter Kampf mit doppeltem Ziel: einerseits, um der gegenseitigen Verstümmelung ein Ende zu bereiten, und andererseits, um dem lebenden König *Horus* und dem toten König *Osiris* die verlorene Macht zurückzugeben.

Manche Texte beschreiben *Haroeris* als »*den größten unter den Göttern*«. Diese Bezeichnung bezieht sich auf seine besondere Funktion als Kämpfer gegen die Feinde des *Re*. Eine Legende berichtet von einer dieser heroischen Schlachten: Nicht lange nach dem Entstehen der Schöpfung schließen sich die Feinde zu einem Komplott gegen den Sonnengott zusammen. *Re* macht sich auf die Suche nach ihnen und findet sie bei **Ombos**. Um sich ein Bild von seinen Feinden zu machen, bittet er *Thot*, einen Spion zu ihnen zu schicken. In einem Gebüsch versteckt, beobachtet dieser »*256 Feinde am Ufer des großen Sees; angeführt von acht Heerführern, umgeben von einer großen Armee*«, und er vernimmt die gegen den Schöpfer geschmiedeten Pläne. Er beeilt sich, davon zu berichten. Doch *Re* ist sich nur allzu bewusst, dass er aufgrund seines vorgerückten Alters nicht selbst in den Kampf ziehen kann und fragt seinen weisen Berater um Rat: »*Wer unter allen Göttern wird gegen die Feinde ins Feld ziehen?*« *Thot* schlägt ihm vor, sich an *Haroeris* zu wenden, »*den Meister über die Schlachten der ganzen Erde*«. Man ruft diesen herbei, er erklärt sich bereit, die schwere Mission zu übernehmen und macht sich auf gegen die Verschwörer. Angesichts der feindlichen Armee »*wird Haroeris puterrot im Gesicht*«. Er wirft sich auf seine Gegner und »*seine Messer attackieren die bösen Feinde*«. Diese sind völlig überrumpelt und versuchen zu fliehen, indem sich einige in Fische und andere in Vögel verwandeln. Doch es gelingt *Haroeris* stets, sie zu erkennen, und am Ende werden alle vernichtet. Als Dank und Auszeichnung verleiht ihm *Re* den Titel des »*größten unter den Göttern*«.

Aus einer anderen Legende erfahren wir, dass die Augen des *Haroeris* die Sonne und der Mond sind. Wenn keiner der beiden Himmelskörper am Firmament zu sehen ist, ist *Haroeris* mit Blindheit geschlagen und wird »*jener ohne Augen*«. Dieses Handicap hindert ihn nicht daran zu kämpfen, doch ist das Resultat dieser Schlachten oft katastrophal: Er vernichtet nicht nur seine Gegner, sondern oft, ganz aus Versehen, auch wohltätige Götter. Das hat stets verheerende Folgen, denn dadurch gerät das Weltgleichgewicht aus den Fugen und es müssen blutige Schlachten gegen die Mächte des Chaos geführt werden. Um dieser enormen Behinderung entgegenzuwirken, ließen die Priester von **Kom Ombo** ihre Tempel bezeichnenderweise mit Reliefdarstellungen von allerhand chirurgischem Gerät schmücken; darunter besonders optische Werkzeuge. Es handelt sich hier offenbar um eine Art magischer Beschwörung, um zu verhindern, dass das Problem des *Haroeris* nicht zu weiteren Katastrophen führt.

Harpokrates

Harpokrates

Das »Horuskind«: Sohn der Isis und des Osiris
Gott der Kindheit, des Heims und der Fruchtbarkeit
Haupt-Kultort: in den Haushalten
Verkörperung: pummeliges Kind mit gelocktem Haar

Der kleine *Harpokrates*, das »*Horuskind*«, ist eine der zahlreichen Personifizierungen des Falkengottes *Horus*. Diese Verkörperung entspricht einem religiösen Bedürfnis – denn *Horus*, der Sohn der *Isis* und des *Osiris* aus der »**Osirislegende**« muss aufwachsen, um seinen Vater *Osiris* zu rächen und den Thron Ägyptens zu besteigen; *Harpokrates* hingegen bleibt immer Kind und wird dadurch zum Symbol dieses Lebensalters. So wird er gerne dargestellt als nackter Junge mit der traditionellen Seitenlocke der Kinder und mit einem Finger am Mund.

Er kommt in der frühen Epoche des Niedergangs zu Bedeutung: Im Laufe der Generationen hält er in den Häusern Einzug und gewinnt das Zutrauen des Volkes. Zu höchsten Ehren kommt er jedoch während der griechischen Zeit: Dort wird er zu einem der höchstverehrten Götter des Pantheon. Bald verschmilzt *Harpokrates* mit *Eros*, dem kleinen »Liebesgott« der Griechen. Zwar behält diese Neuschöpfung den Namen *Harpokrates*, doch nimmt sie griechische Charakterzüge an: Der schlanke Junge wird zu einem pausbäckigen Kind mit lockigem Haar. Ob es am Daumen nuckelt, mit einem Tier spielt oder am Essen nascht – immer symbolisiert seine Darstellung den kindlichen Spieltrieb.

Harpokrates

Anfangs war Harpokrates das »Horuskind« – jener Aspekt des Sohns der Isis und des Osiris, der immer Kind blieb. So erscheint er in der Ikonographie der Kinder und der kindlichen Götter: nackt, eine Hand am Mund und mit der traditionellen Seitenlocke der Kinder. Nebenstehend ist er in einer sehr klassischen Haltung dargestellt: Sein Kopfschmuck setzt sich im reinsten ägyptischen Stil aus verschiedenen Götterkronen zusammen. Es existieren jedoch auch ganz andere Bildnisse des Harpokrates, in denen er als neckisches, pummeliges Kind erscheint, bald Konfitüre schleckend, bald mit Tieren spielend oder freche Streiche ausheckend.
Epoche des Niedergangs, Louvre

Die altägyptische Religion ist in zwei große, voneinander grundverschiedene Zweige geteilt, die sich jedoch völlig ergänzen.

Auf der einen Seite gibt es den theologischen Ansatz, in dem die Priesterschaft die göttlichen Mythen und Legenden zusammenstellt und die offiziellen Zeremonien festlegt. Auf der anderen Seite befindet sich der Volksglaube, der sich um Gottheiten dreht, die dem täglichen Leben näher stehen. Diese private Religionsausübung bevorzugt Verkörperungen des Heimes, der Mutterschaft und der Kindheit, so wie z. B. *Bes, Isis* und *Harpokrates.*

So erklärt sich, warum man in den Wohngebieten und zuweilen in den Gräbern eine Vielzahl von Statuetten mit deren Abbild findet, jedoch niemals in den Tempeln. So ist die Herstellung der Votivbilder wohl rein weltlicher Natur und ausschließlich dem Alltagsleben vorbehalten; aller Wahrscheinlichkeit nach waren bestimmte Wohnräume mit Hausaltaren ausgestattet, vor denen man zu solchen Fetischen betete. Diese waren recht grob gearbeitet und bestanden zumeist aus Terrakotta, aus vorgestanzten Formen massenproduziert. *Harpokrates* erscheint in verschiedenen Posen der Kindheit: spielend, aus einem Topf naschend oder frech lachend. Oft wird er von Tieren begleitet oder trägt, in seiner Eigenschaft als Fruchtbarkeitsgott, ein Füllhorn bei sich.

Manchmal greift jedoch die offizielle Tradition auf den privaten Glauben über. In einigen überraschenden Fällen sind die Gottheiten des Volksglaubens in die großen kosmogonischen Mythen einbezogen. Dies ist z. B. der Fall bei der in der griechischen Epoche sehr beliebten Darstellung des auf einer Lotosblüte thronenden *Harpokrates*. Sie nimmt Bezug auf den Schöpfungsmythos von **Hermupolis**, wo berichtet wird, wie der Schöpfer, das Sonnenwesen par excellence, auf einer Lotosblüte sitzend dem Urozean entstieg. Doch ist dieses Bild immer noch weit von der offiziellen Lesart entfernt, denn der Schöpfergott ist hier *Harpokrates*, ein rundliches Kind, das es sich auf seiner fast geöffneten Lotosknospe bequem gemacht hat. Er hält in seiner Eigenschaft als Ursprung der Fruchtbarkeit eine Schale mit Essen oder ein Füllhorn in der Hand; seine solare Herkunft wird durch eine Strahlenkrone angedeutet. Andere Statuetten zeigen ihn im Begriff, einen Widder zu besteigen, oder in Begleitung einer Gans, beides traditionelle Tiere des *Amun.* In anderen Darstellungen ist er mit einem Phallus ausgestattet und erscheint somit als Stellvertreter des Fruchtbarkeitsgottes *Min.*

Die Kuh Hathor

Die Göttin Hathor hat eine sehr wechselhafte Ikonographie: Sie tritt entweder auf als Frau mit Kuhhörnern, zwischen denen sich die Sonnenscheibe befindet; als kuhköpfige Frau oder einfach als Kuh. Ihre Erscheinungsform in einer Szene hängt ganz von deren individueller Bedeutung ab: Die Amme Hathor tritt meist als Kuh auf; Hathor/Isis als Schutzherrin der Verstorbenen ist eine Frau. Unter ihren verschiedenen Verkörperungen befindet sich auch Hathor, die »Schutzherrin der thebanischen Nekropole«. Auch hier ist sie meist eine Kuh. Oft tritt diese aus einem Berg heraus, der die libysche Bergkette symbolisiert, in deren Flanken die »Schlösser der Millionen Jahre« eingegraben sind. Im Grabtempel der Hatschepsut in Deir el-Bahari ist ihr ein eigener Tempel gewidmet, in der sie bald als Schutzherrin der Nekropole auftritt und bald als Amme der zukünftigen Königin.
Tempel der Hatschepsut,
Deir el-Bahari,
Neues Reich,
West-Theben, Oberägypten

Hathor

Hathor ist eine sehr alte Gottheit, da sie bereits auf dem zur Zeit ältesten bekannten historischen Dokument erscheint: der »**Palette des Narmer**«. Dabei handelt es sich um eine Votivpalette aus Schiefer, auf der die Vereinigung der beiden ägyptischen Königreiche durch *Narmer*, den ersten König der 1. Dynastie, dargestellt ist. Dieses Ereignis bezeichnet den Wendepunkt von der Vorgeschichte zur historischen Zeit, der Ära der Pharaonen. Auf dem oberen Teil der Palette erscheint beidseitig der Kuhkopf der Göttin *Hathor*. Wie lässt sich ihre Gegenwart auf diesem Dokument erklären? Es wurde in **Hierakonpolis** gefunden, dem antiken **Nechen**, über das der Gott *Horus* herrschte – in seiner Form als »*Horus* der Junge«, der Sohn der *Hathor*. So ist es ganz natürlich, dass das Abbild seiner Mutter auf der Palette erscheint. Später, in der 4. Dynastie, nennt sich König *Pepi I.* »Sohn der *Hathor*«, eine logische Bezeichnung, da der König als Repräsentant des *Horus* auf Erden gilt. Somit wird *Hathor* zur göttlichen Mutter des Königs.

In der ägyptischen Schreibweise liest sich *Hathor* als »Hut-Hor«, »Ort des *Horus*« oder »Kosmische Wohnstatt des *Horus*« nach *Plutarch. Hathor* symbolisiert so den kosmischen Raum, in dem sich die Sonnenscheibe des *Horus* bewegt. Im Laufe der Jahrhunderte kommen zu *Hathors* kosmischer Bedeutung noch weitere hinzu, so dass sie bald, ähnlich wie *Isis*, zu einer Universalgöttin wird. Tatsächlich verschmelzen die beiden Göttinnen zu Beginn des Neuen Reiches miteinander und teilen ihre Attribute; oft lässt sich nur durch eine Analyse der Texte und Legenden deren genaue Identität feststellen. So erscheint auf den Grab- und Tempeldekorationen eine Frauengestalt, deren Krone aus zwei Kuh-

hörnern besteht, zwischen denen die Sonnenscheibe thront. Ist dies nun *Hathor* oder *Isis*?

Dies lässt sich nur durch die Entzifferung ihres Namens feststellen, der sich im Allgemeinen unter ihrem Gesicht befindet. Manchmal kann man die Funktion der Göttin aus dem Kontext ersehen. Wenn diese z. B. neben *Horus* und *Osiris* erscheint, handelt es sich mit Sicherheit um *Isis*. Wenn sie jedoch ein Königskind säugt, ist es *Hathor* in ihrer Funktion als göttliche Amme.

Die Liste ihrer Attribute ist beeindruckend: So ist sie Göttin der Liebe, Herrin der Musik, Patronin von **Byblos** und **Punt**, Herrin der fremden Länder, des Türkis, des Rausches, des Tanzes und des fröhlichen Rundgesangs ... Sie ist die Amme des Königskindes: Dort erscheint sie als Kuh oder Frau, um den Kronprinzen zu säugen. Sie ist die Schutzherrin der **thebanischen** Nekropole: In dieser Eigenschaft wird sie dargestellt als Kuh, die einem steilen Berg entsteigt; ein Symbol der libyschen Bergkette, in der sich die Grabstätten befinden. Als Göttin des Tanzes, der Musik und der Freude ist sie eine junge Frau mit einem Sistrum – einer Art Rassel, deren Geklapper die Götter herbeirufen sollte. In **Memphis** ist sie die Göttin der Platane: jenem Baume, der im Jenseits den Seelen als Nahrung dient.

Der interessanteste Aspekt ihrer Ikonographie ist jedoch ihre Funktion als Göttin des Himmelsgewölbes und der vier Himmelsrichtungen: Als solche erscheint sie in den so genannten »*Hathor*säulen«, deren Kapitelle aus einem Kuhkopf in jeder Himmelsrichtung bestehen. Die vier Gesichter repräsentieren je einen ihrer Aspekte: die Löwin *Hathor* in ihrer Eigenschaft als Auge des *Re* und Zerstörerin der Feinde der Sonne; die Kuh *Hathor* als Göttin der Liebe und der Auferstehung; die Katze *Hathor* als Schutzherrin des Heimes und königliche Amme sowie die Kobra *Hathor* als Inkarnation der Schönheit und Jugend.

Ihr Hauptheiligtum befindet sich in **Dendara** in Oberägypten. Der heute sichtbare Tempel stammt aus der Ptolemäerzeit sowie der römischen Epoche; doch wenn man den historischen Texten Glauben schenkt, stammt der Kult aus ältester Zeit: Allem Anschein nach stammt der Grundriss des Tempels bereits aus dem Alten Reich, insbesondere aus den Regierungszeiten *Pepis' I.* und *Cheops'*. Jedes Jahr wurden hier besondere Feierlichkeiten abgehalten: Dabei verließ *Hathor* ihr Heiligtum in **Dendara**, um ihren Gatten *Horus Behedety* im etwa 160 km nilaufwärts gelegenen **Edfu** aufzusuchen.

Drei Wochen lang entfernt sich *Hathor* von ihrer Wohnstatt in **Dendara** und begibt sich »*flussaufwärts, um die glückliche Wiedervereinigung mit Horus zu begehen*«. Aus diesem Grunde begibt sich die feierliche Prozession auf den Fluss: Die Statue der *Hathor* wird auf eine majestätische Barke verbracht, die »Schöne der Liebe«, die vier Tage lang nilaufwärts fährt. Die Priesterschaft von **Edfu** bereitet sich ihrerseits ebenfalls auf das Wiedersehensfest der Gatten vor, das vor dem Tempel des *Horus* in einer kleinen Kapelle im Norden der Stadt gefeiert wird, und zwar zu einem exakten Zeitpunkt: zur achten Stunde am Neumondstage des elften Monats. Dort wartet *Horus* auf die Ankunft der *Hathor*, welche den Beginn von Feierlichkeiten einleitet, an denen sich die Menschen der ganzen Region beteiligen. Man ruft sie an, huldigt ihr, zählt ihre Tugenden auf und spielt ihr Musik vor: Denn es ist *Hathor*, »*die Goldene, die Herrin der Göttinnen, die Herrin, die Meisterin des Rausches, der Musik und des Tanzes*«. Dann steigt jede Gottheit in ihre eigene Barke und begibt sich auf dem Flusswege in den Haupttempel. Dort hebt man die Barken aus dem Wasser und trägt sie auf das Tempelgelände, wo *Hathor* die Gelegenheit zu einem Besuch bei ihrem Vater, dem Sonnengott, nutzt, der in **Edfu** neben seinem Sohn *Horus Behedety* verehrt wird.

Tatsächlich wird *Hathor* in den historischen Texten mit der *Uräus-Schlange*, einer der Manifestationen des Sonnenauges, gleichgesetzt. Dort wird berichtet, wie sie sich »*hier ihrem Vater* **Re** *wieder zugesellt, der sich freut, sie zu sehen, denn nun ist sein Auge zu ihm zurückgekehrt*«. Dann wird die mythische Hochzeit mit großem Pomp gefeiert, während sich die Gatten zurückziehen, um ihre Hochzeitsnacht miteinander zu verbringen. Das eigentliche Fest von **Edfu** beginnt am nächsten Morgen und dauert die nächsten vierzehn Tage des zunehmenden Mondes. Vierzehn Tage mit einer unablässigen Abfolge von Zeremonien, Opferungen, Tempelbesuchen, Gedenkfeiern und Ritualen ... Besonders erwähnenswert ist eine Reihe von Zeremonien für die göttlichen Seelen und »*die toten Götter von* **Edfu**«. Dies sind die Urgottheiten, die der Demiurg zuerst hervorbrachte, damit sie ihm bei der Schöpfung assistierten, die dann aber verschwinden mussten. Man sagte, dass »*ihre Seelen gen Himmel stiegen und sie nun zwischen den Sternen wohnen*« und dass »*sich die Körper der Vorfahren der Götter in der Nekropole von* **Edfu** *befinden*«. Jedes Jahr »*wendet sich* **Re** *dorthin, begleitet von seiner* **Uräus-Schlange** (*Hathor*); *er versorgt seine Kinder, die göttlichen und ehrwürdigen Körper, die für immer in* **Edfu** *ruhen, bringt ihnen Opfer dar und erhört ihre Bitten.*« Die Feierlichkeiten enden mit einem großen Bankett, nach dem sich beide Götter wieder in ihre jeweiligen Wohnstätten zurückbegeben: *Hathor* nach **Dendara** und *Horus* nach **Edfu**.

Hathor in Dendara

Die Decke des Hypostylsaales in Dendara ist mit sehr interessanten astronomischen Szenen bedeckt. Man findet hier die Darstellungen der Stunden des Tages und der Nacht, die Dekane, die Himmelsregionen, die Gottheiten der vier Himmelsrichtungen und die Konstellationen. Im Südtrakt sieht man eine Szene, die sich an verschiedenen Stellen des Tempels wiederholt: Nut, das Himmelsgewölbe, bedeckt von den Wellen des inneren Ozeans, erstreckt sich von einem Ende des Saales zum anderen; ihre Füße zeigen nach Osten, der Kopf nach Westen. Der Sonnengott durchquert auf seiner zyklischen Reise zunächst den nächtlichen, dann den Tageskörper der Nut; am Tage erleuchtet er die Erde; am Abend wird er von der Göttin verschluckt und erhellt die Unterwelt; morgens kommt er neu regeneriert wieder ans Tageslicht und begibt sich erneut auf seine tägliche Reise. Auf der Abbildung ist die Geburt der Sonne zu sehen, die mit ihren Strahlen den Tempel von Dendara bescheint, der durch den Kopfschmuck des Hathorkopfes symbolisiert wird.

Tempel der Hathor, Ptolemäerzeit, Dendara, Oberägypten

Harachte

Harachte

»Horus am Horizont«

*Schöpfergottheit von Heliopolis, mit dem Namen
Re-Harachte als Verkörperung der Sonne im Zenit*

Haupt-Kultort: Heliopolis (Unterägypten)

*Verkörperung: Mann mit Falkenkopf oder mit der
Sonnenscheibe gekrönter Falke*

Sein Name bedeutet »**Horus** am Horizont«; er
repräsentiert eine der Tagformen des Sonnengottes von
Heliopolis. Nach dieser sehr alten Tradition wächst **Re**
mit jeder neuen Phase seiner täglichen Reise den Himmel entlang in eine neue Persönlichkeit hinein. Am
Morgen ist er **Chepre**, die aufgehende Sonne; sein Symbol ist der Skarabäus. Am Zenit wird er zu **Re-Harachte**, dem Falken, in einer Kombination der Sonne **Re** mit
dem Raubvogel des Horizonts, **Harachte**. Am Abend ist
er der alte Mann **Atum**, die untergehende Sonne.

So verkörpert **Harachte** die Sonne in ihrer ganzen Pracht, die mit ihren Strahlen die Schöpfung er-

leuchtet; »*er, der von oben herrscht über Zeit und Raum*«. Aus diesem Grunde werden die Namen *Re-Harachte*, *Re* und *Harachte* in den antiken Texten oft wahllos verwendet, um diesen obersten Gott zu bezeichnen, den »Herrn des Universums«.

In seiner Ikonographie spiegeln sich seine beiden Grundcharakteristika wieder: Er ist der Mann mit dem Falkenkopf; zuweilen auch nur ein Falke, doch dann gekrönt mit der Sonnenscheibe. Der Falke symbolisiert den Himmel, die Sonnenscheibe seine solare Herkunft. Auf den inneren Tempelwänden des *Horus*tempels in **Edfu** ist die Geschichte der Kriegszüge des *Horus*

gegen die Feinde des *Re* dargestellt. In diesem Text sind die genauen Namen der Protagonisten angegeben als *Horus Behedety*, der in Oberägypten, besonders in **Edfu**, als Königs- und Sonnengott verehrt wurde; und *Re-Harachte*, die siegreiche Sonne.

Natürlich wäre die Legende auch zu verstehen, wenn sich der Schreiber der einfachen Bezeichnungen *Horus* und *Re* bedient hätte. Doch wenn solche Details erscheinen, dann sind sie immer von Bedeutung – und wir befinden uns hier in **Edfu**, jener Stadt, in der *Horus* in der speziellen Form des *Horus Behedety* verehrt wird. Es ist daher nur natürlich, dass in den Mythen eines bestimmten Ortes die Götterwelt unter dem Aspekt der dortigen Religionsbräuche in Szene gesetzt wird.

Wir befinden uns »*im Jahr 363 seiner Majestät, des Königs von Ober- und Unterägypten, Re-Harachte*«. Der Götterkönig weilt in Nubien, um dort seine Schöpfung in Augenschein zu nehmen. Im Laufe dieses Routinebesuchs jedoch erfährt er, dass sich gegen ihn eine Revolte zusammenbraut. Natürlich befinden sich darunter Partisanen des *Apophis*, des kosmischen Feindes, der unaufhörlich die Sonnenbarke angreift, in der Hoffnung, eines Tages die Weltordnung zu zerstören. *Re-Harachte* ruft sofort seinen Sohn *Horus Behedety* herbei und bittet ihn, die Feinde zu verjagen. Der erste Kampf endet mit einem überwältigenden Sieg des *Horus Behedety,* doch die Besiegten führen ein Rückzugsgefecht in Richtung Ägypten. *Horus Behedety* verfolgt sie bis ans Nildelta und bringt ihnen Niederlage auf Niederlage bei. Doch die Schlacht setzt sich ewig fort, da die geschlagenen Feinde stets in anderer Verkörperung wieder auftauchen: Unter den Aspekten des *Seth* oder *Apophis* verwandeln sie sich in Flusspferde oder Krokodile. Am Ende der Geschichte ist es *Horus Behedety* gelungen, seine Feinde bis hinter die Grenzen Ägyptens ins Rote Meer zurückzutreiben. Diese müssen nun in den fremden und feindlichen Gefilden Asiens Zuflucht nehmen. *Thot* und *Re-Harachte* sprechen ihm wärmste Danksagungen aus, *Re-Harachte* kehrt zurück nach Nubien und *Horus Behedety* in seinen Tempel nach **Edfu**.

Allem Anschein nach wurde dieser Mythos von der Priesterschaft des *Horus Behedety* in **Edfu** aus religionspolitischen Gründen erschaffen. Hier wird nämlich ihrem Gott die direkte Abstammung vom König aller Götter bescheinigt: Er ist *Horus Behedety*, der Sohn des *Re-Harachte*. Als solcher ist er federführend bei der Schlacht gegen die Feinde des Universums und somit für die Erhaltung des Weltgleichgewichts.

Die Sonnenbarke

Auf dieser Szene des Sarkophags von Tanetperet erkennt man mehrere ikonographische Themen. Rechts schlägt die in lange Leinengewänder gehüllte Verstorbene das Sistrum, ein speziell den Frauen vorbehaltenes Instrument, zu Ehren der vor ihr auf der Sonnenbarke thronenden Gottheiten. Dies sind die mit einer Straußenfeder gekrönte Maat, Göttin der Wahrheit und der Gerechtigkeit, der Pavian Thot sowie der unter einem Baldachin thronende Sonnengott Re mit seinen Königsinsignien, dem Uas-Zepter, der Geißel sowie dem Kreuz des Lebens. Das Boot schwebt auf einem schwarzen Band mit zugespitzten Enden – dem hieroglyphischen Symbol des Himmels. Darunter sieht man die Schlange Apophis, die immer wieder aus den Tiefen des Chaos auftaucht und die Sonnenbarke zum Absturz zu bringen versucht. Doch stets wird sie von den Verteidigern der Sonne bis hinter die Weltgrenzen zurückgeschlagen: Dieser Kampf symbolisiert den Sieg der Weltordnung über das Chaos. Vier Hunde scheinen die Barke zu ziehen: Dies sind Symbole des Anubis, des Gottes der Einbalsamierung.
Dritte Zwischenperiode,
Louvre

43

Horus

Horus

Sohn der Isis und des Osiris

Gatte der Hathor (zuweilen Sohn der Hathor)

Gottheit mit verschiedenen Funktionen: Gott des Himmels und der Sonne, Schutzpatron der ägyptischen Könige, Vertreter der Götter auf Erden

Andere Aspekte des Horus: Harachte, Harmachis, Haroeris, Hurun, Harpokrates, Harsomtus, Harsiese

Haupt-Kultort: Edfu (Oberägypten)

Verkörperung: Falke oder falkenköpfiger Mann

Der Name des Horus

Diese Tafel wird die »Stele des Schlangenkönigs« genannt. Sie wurde in der Nekropole von Abydos gefunden, in der sich die Grabstätten der Könige der thinitischen Epoche befinden. »Schlange« war vermutlich der vierte König der 1. Dynastie. Da sich Ägypten gerade erst am Anfang der historischen Zeit befand, ist die Schrift noch nicht sehr differenziert. Dennoch ist die bildhauerische Qualität der Stele erstaunlich, wenn man bedenkt, dass sich diese Technik damals noch in den Anfängen befunden haben musste. Hier jedoch hat der Künstler sein Metier völlig beherrscht, wie sich an der feinen Detaillierung der Schlangenschuppen, der Falkenflügel und der Palastfassade ersehen lässt. Die Stele trägt den Horusnamen des Königs Djer, »des Schlangenkönigs«. Dies ist nach der pharaonischen Nomenklatur der erste Name des Königs. Der König präsentiert sich damit als irdische Inkarnation des Horus, unter dessen göttlichem Schutz er sich befindet.
Thinitische Epoche,
Louvre

Im ägyptischen Pantheon gibt es zahlreiche Falkengötter. Der bekannteste darunter ist **Horus**, der in sich eine ganze Reihe von Gottheiten vereint. Er ist vor allem ein Himmelsgott in engster Verbindung mit dem Gott der Sonne und regiert über Mond und Sterne. Unter seinen anderen Erscheinungsformen als Falke befinden sich u. a. **Harachte, Harmachis, Haroeris** und **Hurun**. Nach der Vereinigung Ägyptens durch den König von Hierakonpolis wurde der Falkengott dieser Stadt zum Königsgott par excellence: Er ist der Schutzherr des Königs, welcher selbst als Verkörperung des **Horus** auf Erden gilt. In der Kosmogonie von Heliopolis schließlich ist er der Sohn der **Isis** und des **Osiris** und tritt als solcher in verschiedenen Verkörperungen auf: **Harpokrates, Harsomtus** und **Harsiese**. Im Laufe der Jahrhunderte vermischen sich all diese Produkte der verschiedenen religiösen Strömungen zu einer einzigen facettenreichen Gottheit.

Dem Mythos zufolge gelang es **Isis** nach der Ermordung des **Osiris** durch beider Bruder **Seth**, von ihrem verstorbenem Gatten ein Kind zu empfangen – den Gott **Horus**. Da dies hinter dem Rücken des Mörders geschah, fürchtet **Isis** nun um ihr Leben und um das des ungeborenen Kindes. Sie bittet daher den Schöpfergott **Re-Atum**, sie vor den Verfolgungen des **Seth** zu schützen. Schließlich kommt die Stunde der Geburt:

*»Ich bin **Horus**, der große Falke ... Mein Platz ist fern von **Seth**, dem Feinde meines Vaters **Osiris**. Ich beschreite den Weg der Ewigkeit und des Lichts. Ich erhebe mich in die Lüfte; kein Gott wird erreichen, was ich erreicht habe. Ich werde Krieg führen gegen die Feinde meines Vaters **Osiris**, ich werde sie als der Zornige unter meinen Sandalen zertreten ... Denn ich bin* **Horus**, *dessen Platz hoch ist über Göttern und Menschen. Ich bin **Horus**, der Sohn der **Isis**.«*

Es gibt zahlreiche Erzählungen von den Wanderungen der **Isis** und der Kindheit des **Horus**. Unter allen Göttern ist sicherlich der kleine **Horus** am anfälligsten für Krankheiten und für Unfälle. Er ist ein kränkliches Kind: schutzlos, anfällig, vernachlässigt, unschuldig und verletzlich. Ihm bleibt auch gar nichts erspart: Skorpionstiche, Magen- und Darmbeschwerden, unerklärliche Fieberanfälle und Verletzungen ... Doch durch die Zauberkraft der Götter wird er stets von seinen Leiden befreit.

Eine der berühmtesten Geschichten führt uns ins Sumpfland des Nildeltas nahe der Stadt **Chemmis**. Dies ist eine unwirtliche Gegend; *Isis* weiß, dass sich *Seth* niemals hierher verirren wird. Zwar ist sie hier vor ihm in Sicherheit, aber das Leben ist hart. Um sich zu ernähren, muss sie betteln gehen. So verbirgt sie frühmorgens ihr Kind in den Binsen und verkleidet sich als Bettlerin, um auf der Suche nach ein paar Brocken Nahrung die Gegend zu durchstreifen.

Eines Abends findet sie ihren Sohn völlig apathisch vor. Er ist trotz seines Hungers viel zu schwach, um an der Brust seiner Mutter zu trinken. *Isis* bittet die Bewohner der Umgebung um Hilfe, und diese versuchen ihr Bestes, um ihr zu helfen. Es gelingt jedoch niemandem, das Kind wiederzubeleben. Schließlich erscheint eine alte Frau, die für ihre Zauberkraft bekannt ist. Diese erklärt, dass die Krankheit des Kindes nichts mit dem Onkel *Seth* zu tun hat, sondern dass **Horus** von einem Skorpion oder einem anderen giftigen Tier gestochen worden ist. *Isis* stellt fest, dass das Kind wirklich an einer Vergiftung leidet. Da erscheinen schließlich **Nephthys** und **Selket**, die Skorpiongöttin, am Ort des Geschehens. Sie raten *Isis*, *Re* zu bitten, seinen Sonnenlauf so lange zu unterbrechen, bis **Horus** geheilt ist. Der Sonnengott vernimmt das Flehen der *Isis* und schickt **Thot** zu ihr. Dieser wirft einen Blick auf das Kind und spricht: *»Fürchte nichts, Isis! Ich komme bewaffnet mit dem Lebensatem, der das Kind heilen wird. Nur Mut, Horus! Er, der in der Sonnenscheibe wohnt, wird dich auf ewig beschützen. Hebe dich hinweg, Gift, der große Gott Re lässt dich verschwinden. Seine Barke hat ihren Lauf unterbrochen und wird ihren Kurs erst wieder aufnehmen, wenn der Kranke geheilt ist. Die Brunnen werden versiegen, die Ernte verderben, die Menschen werden ohne Brot sein, so lange, bis das Horuskind wieder zu Kräften gekommen ist zur Freude seiner Mutter Isis. Hab Mut, Horus. Das Gift ist tot, siehe, es ist besiegt.«*

Nachdem der große Magier das Gift vertrieben hat, erwacht der kleine *Horus* wieder zum Leben. *Thot* bittet die Bewohner der Gegend, sich während der Abwesenheit seiner Mutter um das Kind zu kümmern und verlässt den Ort des Geschehens, um »*die Sonnenbarke wieder in Gang zu bringen und um Re mitzuteilen, dass Horus genesen und das Gift besiegt ist*«.

Im Laufe seines Kampfes gegen *Seth* ist *Horus* vielfach das Opfer von Verstümmelungen, die sich aber durch die ihm selbst innewohnende Heilkraft stets wieder regenerieren. Tatsächlich kann nichts den inneren Kern dieser Gottheit angreifen; nur seine irdische Er-

scheinung ist verletzlich. Es gibt einige Versionen der Geschichte, in der *Seth* mit der Absicht, *Horus* eine Falle zu stellen, diesen zu sich einlädt. Es wird berichtet, wie *Seth* nach dem gemeinsamen Essen versucht, *Horus* sexuell zu missbrauchen. *Horus* war jedoch auf der Hut und kann den Samen seines Rivalen in den Händen bergen. Er kehrt daraufhin zu *Isis* zurück, die ihm wutentbrannt die Hände abschneidet und diese ins Wasser wirft. Sie setzt alle ihre Zauberkräfte ein, um diese auf immer verschwinden zu lassen, und schärft ihnen ein, sich nie wieder mit dem Körper des *Horus* zu vereinen. *Horus* jedoch ist mit seiner Behinderung nicht

Hurun

Hurun	

Sonnengott, verkörpert durch die Sphinx von Gizeh (Harmachis)
Haupt-Kultort: Gizeh (Unterägyten)
Verkörperung: Falke oder Sphinx

Hurun ist ein Gott aus Kanaan, der seit Beginn des Neuen Reiches auch in Ägypten verehrt wird. Er hebt sich durch seine Erfolge im Kampf gegen das Böse hervor, doch erst durch seine Assimilation mit *Harmachis*, und damit der Sphinx von **Gizeh**, setzt er sich in Unterägypten durch. Seit der Regierung *Amenophis' II.*, in der 18. Dynastie, hat er ein kleines Heiligtum im Norden der Sphinx: Er wird zu »*Hurun dem großen Gott, dem Herrn des Himmels*«. Einige Schreiber bedienen sich sogar des Namens *Hurun-Harmachis*, wenn sie die Sphinx von **Gizeh** bezeichnen, was von der völligen Verschmelzung beider Gottheiten zeugt. Diese Assimilation scheint so erfolgreich gewesen zu sein, dass *Hurun* sehr bald auch Träger aller Eigenschaften des *Harmachis* ist: Er übernimmt die solaren Züge des *Horus*, da *Harmachis* schließlich »*Horus* am Horizont« bedeutet.

Die Ikonographie des *Hurun* spiegelt diese Doppelgestalt wider: Bald erscheint er als Sphinx, bald als Falke. In Wirklichkeit aber reicht sein Kult nicht über die Grenzen **Gizehs** hinaus. Er hat in der pharaonischen Ideologie nur eine bescheidene Funktion, und im Gegensatz zu anderen aus Asien importierten Gottheiten, darunter besonders *Baal* und *Reshep*, wird er hier nie seine ursprüngliche Rolle des Kriegers spielen. Nur zuweilen findet sich ein verstohlener Hinweis auf seine Gegenwart in anderen Teilen des Landes, z. B. in **Deir el-Medineh** oder im östlichen Nildelta. Im Harris-Papyrus allerdings erscheint er einmal als siegreicher Held. Hier wird erzählt, wie die Götter zu Hilfe gerufen wurden, um *Horus* vor den Angriffen wilder Tiere zu schützen. Sie umstellten einen Wolf, doch am Ende hat nur *Hurun* keine Angst vor diesem, denn er ist begleitet von *Herishef*, der ihm »*das Bein abschneidet*«, *Anat*, der ihn »*massakriert*«, und *Horus*, der eine Waffe packt, mit der *Seth* den Eindringling tötet. Doch es ist *Hurun*, »*der siegreiche Hirte*«, dem die gesamte Ehre dieses Sieges zuteil wird. Hier erscheint er in der typischen Rolle der großen asiatischen Gottheiten als Verteidiger gegen widrige Umstände.

einverstanden und bittet den Herrn der Götter um Hilfe. Dieser hat Verständnis und schickt das Krokodil *Sobek* auf die Suche nach den verlorenen Händen. Doch sie haben seit dem Unfall ein Eigenleben angenommen und sind sehr schwer zu fangen; später werden sie sich als Söhne des *Horus* personifizieren. Mit einem Netz bewaffnet, gelingt es *Sobek* jedoch schließlich, die Hände zu fangen, und er bringt sie dem Herrn der Götter; dieser macht von ihnen ein Duplikat, um Ärger zu vermeiden. Um *Isis* zu beschwichtigen, schenkt er das Originalpaar der heiligen Stadt Nechen als Reliquien und gibt *Horus* das neue Paar.

Hemen als Horusfalke

Viele ägyptische Gottheiten erscheinen als Falke. Meist stehen sie im direkten Zusammenhang mit dem Horusfalken und verkörpern einen Aspekt seiner Person: Dies ist der Fall bei Harachte, Harmachis, Hurun, Harsomtus, Harpokrates, Haroeris und Harsiese – und bei Hemen. Er ist ein wenig bekannter Gott, von dem wir nur wissen, dass er der Schutzherr der oberägyptischen Stadt Mo'alla war und die Charakterzüge des Horusfalken trug. Diese Statuettengruppe, zweifellos ein Votivbild, zeigt Taharqa, einen Pharao der 25. Dynastie, der dem Gott zwei Weingefäße darbietet. Diese Art von Darstellungen sind Dankesgaben an die Götter für eine gewährte Gunst, wie z. B. reiche Nilfluten, Krankenheilungen oder siegreiche Schlachten. Dieses Stück zeichnet sich durch eine erstaunliche Materialmischung aus: Der Sockel ist mit dickem Silberblech beschlagen, die Falkenstatuette besteht aus vergoldetem Schiefer und die Statuette des Königs aus Bronze.
Dritte Zwischenperiode, Louvre

Isis

Die Göttin Isis

Ihre Rolle in der »Osirislegende« machte Isis zu einer der Schutzgöttinnen des Jenseits. Es wird erzählt, wie sie sich nach der Ermordung ihres Gatten durch Seth mit ihrer Schwester Nephthys auf die Suche macht, um die überall im Lande verstreuten Leichenteile zusammenzusuchen. Nach vollbrachter Tat bittet sie Anubis um Hilfe, und zusammen erschaffen beide die erste Mumie. So, wie sie es bei Osiris tat, wacht sie nun über die Verstorbenen und assistiert bei deren Auferstehung. Daher wacht Isis auf den Sarkophagen am Kopfe des Toten und Nephthys zu dessen Füßen. Auf dem Steinsarkophag Ramses' III. breitet Isis, gekrönt mit ihrem Kopfschmuck in Form eines Thrones, ihre schützenden Flügel über dem Toten aus. Zu beiden Seiten befinden sich Symbole des Anubis, des Schutzherren der Mumifizierung, der für die Erhaltung der sterblichen Hülle garantieren soll.
Neues Reich,
Louvre

Keine Figur des ägyptischen Pantheon kann sich mit der Göttin *Isis* messen. Sie erfreut sich so großer Beliebtheit, dass sich kaum ein Bereich des Lebens ihrem Einfluss entzieht. Ihr Abbild ist im ganzen Niltal allgegenwärtig, in großen Heiligtümern wie in den kleinsten Haushalten. Im großen Schöpfungsmythos von **Heliopolis** erscheint sie als Tochter des *Geb* und der *Nut*, und besonders in ihrer Rolle als Gattin und Schwester des *Osiris*. Ursache ihrer großen Beliebtheit ist ihr makelloses Betragen innerhalb der Osirislegende, wo sie als treusorgende Ehegattin und Mutter auftritt. Sie ist es, die sich mehrmals auf die Suche nach ihrem durch *Seth* ermordeten Gatten macht; sie ist es, die die zusammengesuchten Einzelteile seiner Leiche wieder zusammensetzt und ihm das Leben zurückgibt; und sie ist es, die den kleinen *Horus* unter größter Verschwiegenheit großzieht, damit dieser dereinst den Thron Ägyptens besteigen kann. So wird sie zur Schutzherrin der Mütter und der Kinder. Ihr Ruf als Magierin vergrößert ihre Anhängerschaft: Sie vermag es, Bisse von giftigen Tieren zu heilen, Schmerzen und Krankheiten zu vertreiben, und ihre bloßen Worte, so sagt man, *»vermögen Erstickenden das Leben wiederzugeben«*. Auch bei den Bestattungsriten spielt sie eine überaus wichtige Rolle, denn durch ihre Wiederbelebung des *Osiris* wird sie zur Beschützerin der Verstorbenen. Ihr Emblem ist der magische Knoten in Form des Lebenssymboles Ankh, dessen Seitenarme herabgesunken sind als Symbol des Schutzes.

Isis erscheint in keiner speziellen Verkörperung, im Allgemeinen wird sie als Frau mit einem Kopfschmuck in Form eines Thrones dargestellt; mit diesem hieroglyphischen Zeichen wird auch ihr Name geschrieben. Im Laufe der Jahrhunderte nimmt sie die Attribute zahlreicher anderer Göttinnen in sich auf. In diesen Fällen bedient sie sich deren Ikonographie: So wird sie zur Kuh *Hathor*, zur Löwin *Sechmet*, zum Skorpion *Selket* oder erscheint mit den Attributen der *Neith*, *Satet*, *Opet* oder *Renenutet*. Zur Zeit der ptolemäischen und römischen Dynastien wird sie zur Universalgöttin, und ihr Kult verbreitet sich über die Grenzen Ägyptens hinaus. Die *»Herrscherin über alle Götter«* übernimmt alle möglichen Kompetenzen. Sie ist Schutzgöttin der Verstorbenen und des Lebens im Jenseits; sie repräsentiert die Fruchtbarkeit des Ackerbodens und beschützt das Heim; sie wacht über die Königswürde und das Gleichgewicht des Universums. Im Herzen des Ägyptischen Reiches erfreut sie sich eines außerordentlich langen Lebens: Ihr Tempel in **Philae** schließt seine Pforten erst im Jahre 551 n. Chr. unter der Regierung *Justinians*. Erst damit verschwinden auch die letzten Überreste des altägyptischen Glaubens. Der Umstand, dass man *Isis* in der Mehrzahl der ägyptischen Mythen und Legenden sowie in fast allen pharaonischen Heiligtümern wiederfindet, selbst denen, die nicht ausschließlich ihr gewidmet sind, macht es so schwer, ihre Person zu definieren.

Oft wird in den Legenden durch die nur allzu menschlichen Passionen der Götter die Instabilität und Verletzlichkeit des Menschenlebens demonstriert. Hier verkörpert *Isis* die Neugier und die natürliche Bosheit der Frauen, die diese, so sagt man, zu den schlimmsten Intrigen befähigt, um an ihr Ziel zu gelangen. Ein Bericht beginnt mit der Apologie des Herrn des Universums, des Schöpfergottes *Re*, der allem Leben zugrunde liegt und somit allmächtig ist. Daher kann er alle möglichen Formen annehmen. Es sind derer so viele, und manche davon so geheim, dass es unmöglich ist, sie alle zu kennen. Das erweckt natürlich den Neid der *Isis*, die sich diese Macht zu gerne aneignen würde, um ihrerseits Herrin der Welt zu werden. Sie versucht daher, den geheimen Namen des *Re* zu entdecken; dadurch, so hofft sie, wird sie Macht über ihn bekommen. So beginnt sie, das Kommen und Gehen des Sonnengottes genauestens zu verfolgen, und entdeckt dabei zu ihrem Erstaunen, wie sehr dieser gealtert ist: Er fängt sogar an zu sabbern! So verschafft sie sich ein wenig von seinem Speichel, mischt diesen mit Erde und formt daraus eine Schlange in Form eines Pfeiles, den sie an eine Kreuzung auf dem Weg des Sonnenwagens legt. Als der Wagen an der Kreuzung anlangt, beißt die von *Isis* belebte Schlange den Sonnengott, und dieser bricht mit einem Schrei zusammen. Seine Lippen fangen an zu zittern und sein Körper wird von Krämpfen geschüttelt: Das Schlangengift beginnt, Herr über ihn zu werden. Es gelingt ihm jedoch, um Hilfe zu rufen und den Göttern von seinem Unfall zu erzählen. Er glaubt sogar, ihnen den Grund für seinen geheimen Namen erklären zu müssen.

So erklärt *Re*: »*Mein Vater und meine Mutter lehrten mich meinen Namen, den ich in meinem Körper verbarg, auf dass mir kein Magier mit seinen Zaubersprüchen etwas anhaben kann. Doch als ich ausging, um meine Schöpfung zu betrachten, hat mich etwas Unbekanntes gebissen. Es ist nicht Feuer noch Wasser, doch mein Herz ist in Flammen, mein Leib erbebt und meine Gliedmaßen sind kalt. Man bringe mir meine Kinder, welche der Zauberei kundig sind und deren Wissenschaft gen Himmel reicht.*« Die Götter eilen herbei; darunter auch *Isis*, bewaffnet mit all ihrer Magie. Sie wundert sich: »*Was ist das? Hat sich eines deiner Kinder gegen dich erhoben? Dann werde ich es mit meiner Zauberkraft vernichten und es von deinem Antlitz vertreiben.*« *Re* erklärt, was ihn plagt, und *Isis* erwidert: »*Sag mir deinen Namen, mein göttlicher Vater! Denn ein Mann wird erst genesen, wenn man ihn bei seinem Namen ruft.*« Der Sonnengott sagt nun all seine göttlichen Beinamen auf, doch vergebens, das Gift verbleibt im Körper. »*Dein Name ist nicht unter den zitierten. So sage ihn mir, und das Gift wird deinen Körper verlassen, denn ein Mann wird genesen, wenn man ihn beim Namen ruft*«, wiederholt *Isis*. *Re*, von seinen Schmerzen erschöpft, gibt schließlich sein Geheimnis preis: »*Hör mich an, meine Tochter Isis, so dass mein Name von mir auf dich übergehe ... Wenn er mein Herz verlassen hat, gib ihn an deinen Sohn Horus weiter, auf dass dieser in einem heiligen Eid mit mir verbunden sei.*« Nachdem *Isis* den Namen ihres Vaters vernommen hat, erlöst sie ihn schließlich von dem Gift.

Chepre

Chepre

Schöpfergott von Heliopolis in seiner Verkörperung als aufgehende Sonne.
Haupt-Kultort: Heliopolis (Unterägypten)
Verkörperung: Skarabäus oder Mann mit Skarabäuskopf

Chepre ist die Form, die der Sonnengott am Morgen annimmt. In der Hieroglyphenschrift besteht sein Name aus nur einem Zeichen, dem Skarabäus. Dieses Zeichen gehört zur der Gruppe der Schriftzeichen, die in sich drei Konsonanten oder Halbkonsonanten enthalten: in diesem Falle *hpr*, was zusammen mit den Konsonanten wie *cheper* ausgesprochen wird. Dieses Wort lässt sich nicht exakt übertragen. Buchstäblich könnte man es wohl mit »zur Existenz gelangen«, »werden« oder »sein« übersetzen. In jedem Falle soll damit die Idee der Geburt, der Entwicklung und des Werdens ausgedrückt werden. So könnte man den Gott *Chepre* dementsprechend verstehen als »*den, der durch sich selbst zur Existenz gelangt ist*«. Tatsächlich ist der Schöpfungsmythos von **Heliopolis** an diesem Punkt sehr deutlich: Der Gott war *Nun*, dem Urozean, entstiegen und hatte sich seinen Körper selbst erschaffen. Er hat weder Vater noch Mutter, sondern ist der Erzeuger seiner selbst. Er ist zugleich *Chepre, Re* und *Atum*: die aufgehende Sonne, die Sonne im Zenit und die untergehende Sonne. So tritt *Chepre* stets unter dem Symbol des Skarabäus auf. Manchmal erscheint er auch als Männergestalt mit einem Skarabäus anstelle des Kopfes oder seltener nur mit einem Käferkopf.

Es liegt nahe, dass die Zuordnung dieses Symbols aufgrund der Analogien zwischen dem Verhalten des Käfers und der Sonne entstanden ist. **Plutarch** berichtet, dass diese Tiere, die stets männlichen Geschlechts sind, »*ihren Samen in einer Art von zu einem Ball geformter Materie ablegen, die sie mit ihren hinteren Gliedmaßen rückwärts vor sich herrollen.*« Sie legen ihre Last schließlich in langen unterirdischen Gängen ab, in denen die neue Käfergeneration ausschlüpft. Diese von dem Skarabäus bewegte Kugel wird mit dem Lauf der Sonne am Himmel gleichgesetzt; das Vergraben der Eier und das anschließende Hervorbrechen der jungen Käfer symbolisiert das tägliche Wiedererscheinen der Sonne nach ihrer nächtlichen Reise.

In den Grabstätten im Tal der Könige findet man immer wieder Darstellungen von Szenen, die sich mit dem Sonnenlauf befassen. Diese als »Kosmographien« bezeichneten illustrierten Texte beschreiben detailliert die nächtliche Reise **Res** durch die Unterwelt. Die erstaunlichste und zugleich älteste dieser Kompositionen trägt den Titel »Buch dessen, was sich im Duat befindet«; unter Duat verstand man die Unterwelt. Die zwölf Stunden der Nacht werden von Abschnitten des »unterirdischen Nil« repräsentiert, die die Sonnenbarke allnächtlich zu durchqueren hat. Auf der Barke befinden sich der Sonnengott **Re** und sein Gefolge. An den Flussufern versammeln sich die Bewohner des Duat, die Toten, um dem Sonnengott zu huldigen. Auf ihrer Reise wird die Sonnenbarke fortwährend von immer neuen Hindernissen behelligt. Besonders **Apophis**, die dämonische Riesenschlange des Chaos, bemüht sich immer wieder, die Barke zum Sinken zu bringen. Schließlich erscheint der Sonnengott am frühen Morgen als **Chepre**, die aufgehende Sonne, siegreich am Firmament.

Chnum

Chnum

Steht mit Neith (in Esna) und Satet (in Elephantine) in Verbindung. In Esna als Schöpfergott, in Elephantine als Schutzherr des Katarakts und der Nilquellen.
Haupt-Kultort: Esna und Elephantine (Oberägypten)
Verkörperung: Widder oder Mann mit Widderkopf

Chnum ist der göttliche Töpfer mit dem Widderkopf, der aufgrund seiner vielfältigen Funktionen an verschiedenen Orten Ägyptens verehrt wird. Seine Haupt-Kultorte jedoch befinden sich in **Esna**, wo er zusammen mit seiner Gattin *Neith* als Schöpfergottheit auftritt, und in **Elephantine**, wo er zusammen mit *Satet* und *Anukis* als Schutzherr der Nilquellen fungiert.

Chnum ist der Schutzpatron von **Elephantine**, einer nördlich des ersten Katarakts an der Südgrenze Ägyptens gelegenen Insel. Hier fließt der Nil in Ägypten ein. Der Nil war bekanntlich für die Ägypter von einer zentralen Bedeutung, obgleich dessen Ursprung und die Ursache der jährlichen Überschwemmungen ihnen völlig unbekannt waren. So ernannte man *Chnum* zum Herrn der lebensbringenden Nilquellen, von denen man annahm, dass sie sich aus einer am ersten Katarakt gelegenen Höhle ergossen. In seinem Heiligtum in **Elephantine** erfreute er sich zusammen mit seiner Gattin *Satet* und der Tochter *Anukis* eines populären Kultes. Von überall kam man hierher, beladen mit Opfergaben, denn es war *Chnum*, der alljährlich die Menge des von den Nilfluten mit sich getragenen fruchtbaren Schwemmsandes festlegte. Eine Inschrift auf der Insel **Sehel** zeugt von der Herrschaft des Widders *Chnum* über die Wasser des Nil: »Es liegt eine Stadt im Herzen des Wassers; vom Nil umflossen. Sie nennt sich **Elephantine**. Sie ist der Anfang des Anfangs ... dort herrscht der Gott *Chnum*, seine Sandalen ruhen auf den Fluten; er hält den Riegel ihrer Pforten in der Hand und öffnet sie nach seinem Gutdünken.« Durch seine Macht über die Zuteilung des fruchtbaren Nilschlamms wird er zum Herr über das Leben und dadurch zum Schöpfergott.

Die Person des Gottes *Chnum* ist uns wesentlich zugänglicher geworden, seit die Inschriften in seinem Heiligtum in **Esna** übersetzt wurden. Aus den Berichten von der göttlichen Herkunft einiger Könige wusste man bereits um die Rolle des Gottes als Töpfer; seine Aufgabe war es, die Gestalt des Königskindes und dessen Ka, eine Art von Lebensgeist, zu schaffen. Eine sehr berühmte Erzählung, die uns durch den Westcar-Papyrus bekannt ist, berichtet davon, wie *Redjedjet*, die Gattin des *Re*-Priesters *Rauser*, die drei ersten Könige der 5. Dynastie gebar. Diesen ungewöhnlichen Geburten wohnten *Chnum* sowie die Göttinnen *Isis, Nephthys, Meskhenet* und *Heqet* bei: »*Isis stellte sich vor sie, Nephthys hinter sie und Heqet leitete die Geburt ein. Und Isis sprach: Sauge nicht zu kräftig an ihrer Brust, du mit dem Namen Userkaf. Da glitt ihr das Kind aus den Händen: Es war eine Elle lang und von solidem Knochenbau. Es hatte goldene Gliedmaßen und einen Kopfschmuck aus echtem Lapislazuli. Sie wuschen es, nachdem sie ihm die Nabelschnur durchschnitten und diese in einen Kasten aus Ziegeln gelegt hatten. Dann näherte sich Meskhenet und sprach: ›Ein königlicher Herrscher über das ganze Land‹, während Chnum seinem Körper Gesundheit verlieh.«* Auch die Königin *Hatschepsut* aus der 18. Dynastie beschloss, diese göttliche Abstammung auf den Wänden ihres Grabtempels in **Deir el-Bahari** darstellen zu lassen. Eine Szene zeigt, wie sich der Gott *Amun* in der Gestalt *Thutmosis' I.* mit der Königin *Ahmose* vereinigt, um *Hatschepsut* zu zeugen. Dahinter befinden sich der Töpfer *Chnum*, dem es obliegt, Körper und Ka der Prinzessin zu modellieren, sowie dessen Assistentin, die Grillengöttin *Heqet*, und *Hathor* in ihren sieben Erscheinungsformen.

In späteren Dokumenten, besonders denen von **Esna**, wird *Chnum* die Erschaffung der Götter und der Menschen zugeschrieben. Er ist der Demiurg, auf dessen Töpferscheibe das Kosmische Ei entsteht, dem zu Anbeginn aller Zeiten die Sonne entschlüpft. Die Texte von **Esna** sind aus mehreren Gründen interessant: Sie erläutern nicht nur die Gestalt des Gottes *Chnum*, sondern zeugen auch von der Fortdauer der ägyptischen Religion bis in die griechisch-römische Zeit. Die überwiegende Mehrzahl der Dokumente stammt aus der Regierungszeit zweier römischer Kaiser des 2. Jahrhunderts n. Chr.: *Trajan* und *Hadrian*. Sie sind damit die jüngsten erhaltenen religiösen Texte der Pharaonenzeit. Sie stellen eine interessante Synthese der verschiedenen Glaubensrichtungen dar: Es ist eine bunte Mischung aus Gebeten, rituellen Texten, Hymnen, Litaneien und Schöpfungslegenden. Hier, im Tempel von **Esna**, mussten die Priester einige geistige Klimmzüge machen, um die Charakteristika der residierenden Götter miteinander zu vereinbaren, denn der Tempel ist auch der *Neith*, ebenfalls einer Schöpfergottheit, gewidmet: der Schutzherrin von **Sais**, die sich aus der Kuh *Ihet* entwickelte.

Der Widder Chnum

Chnum wird an verschiedenen Orten Oberägyptens verehrt. In Elephantine wacht er über die Nilquellen und trägt den Namen des »Herrn des Katarakts«. In Esna ist er der Schöpfergott, der die Welt auf seiner Töpferscheibe erschaffen hat. Wie auch andere Gottheiten in Tiergestalt, steht Chnum im Mittelpunkt eines besonderen Kultes: dem des heiligen Tieres. Das ihm gewidmete Tier erfreut sich Zeit seines Lebens einer besonderen Pflege; nach seinem Tode wird es mit den gleichen Ehren und Zeremonien wie ein Mensch mumifiziert und bestattet. Das heute verfallene Heiligtum des Chnum liegt auf der Insel Elephantine, gegenüber von Assuan. Dort befindet sich auch die Nekropole der heiligen Widder, deren hölzerne Sarkophage mit allerhand Verzierungen versehen waren, z. B. aus Blattgold, stuckgetränkten Stoffen oder Goldbemalung.
Epoche des Niedergangs, Louvre

Es mangelt den Manuskripten von **Esna** nicht an Originalität. Kein Detail der Schöpfungsgeschichte wurde von den Theologen ausgelassen. So erfahren wir, dass *Chnum* die Götter und Menschen in seiner Töpferwerkstatt »*mit seinen Händen erschaffen hat*«. Auch schuf er das Vieh, die wilden Tiere, die Fische und Vögel. Ein Abschnitt befasst sich besonders mit der menschlichen Physiognomie: »*Er ließ Kopfhaut und die Haare wachsen. Er schuf die Haut auf den Gliedmaßen. Er konstruierte den Schädel und formte das Gesicht, dass jede seiner Figuren sein charakteristisches Aussehen erhielt. Er ließ die Augen und Ohren sich öffnen. Er brachte den Körper in engen Kontakt mit der Atmosphäre. Er machte den Mund zum Essen und die Zähne zum Kauen. Er löste auch die Zunge, damit sie sich ausdrücken konnte. Er machte die Kehle zum Schlucken und auch zum Spucken ...*« So reihen sich alle Körperelemente aneinander: die Kehle, das Rückgrat, die Blase, die Eingeweide, das Herz ... Die Schlussbemerkung ist deutlich: »*Alle Lebewesen wurden auf seiner Töpferscheibe erschaffen.*«

Einem anderen Textabschnitt zufolge erstreckten sich seine schöpferischen Kapazitäten auch über die Grenzen des Niltals hinaus, denn er »*schuf alle exotischen Produkte im Herzen der fremden Länder, damit diese als Tribut ins Ausland geschickt werden konnten*«. Der Text schließt ab mit der Schöpfung der Natur: »*Er schuf die Pflanzen auf den Feldern. Er gab den Blumen und den Ufern Farbe. Er machte, dass die Lebensbäume Früchte trugen, auf dass sich die Menschen und die Götter ernähren konnten. Er öffnete Schluchten im Leib der Berge und machte, dass die Steinbrüche ihre Steine ausspien.*« Das Ende der Hymne umreißt noch einmal grob die Rolle *Chnums* bei der Schöpfung: »*Er kam unaufhörlich im rechten Moment ... Das Schicksal und das Wachstum der Kinder entwickelte sich gemäß seiner Anordnung. Das Wasser und der Wind sind unter seiner Befehlsgewalt, und das, was er anordnet, wird unverzüglich ausgeführt. Diese wie jene, er hat sie geschaffen, denn nichts vollzieht sich ohne ihn.*«

Seine Doppelrolle als Schöpfergott und Hüter der Nilquellen sicherte *Chnum* eine große Popularität. In Grabstätten wie Tempeln erscheint er in Gegenwart des Königs oder der höchsten Götter des Pantheon als der Gott mit dem Widderkopf. Seine Macht ist so groß, dass er jeden Moment handeln kann. So sagt man z. B., dass er in der Lage sei, die Schlange *Apophis* und deren Nachkommenschaft zu vernichten; außerdem obliegt es ihm, den Pharao bei Krönungs- und Jubiläumsfeierlichkeiten von allen Unreinheiten zu befreien.

Der Sohn-Gott Chons

Chons ist eine Mondgottheit, die seit dem Neuen Reich in familiärer Verbindung mit dem Reichsgott Amun und dessen Gattin Mut steht. Seine Darstellung trägt dieser Doppelrolle Rechnung: Als Mondgott trägt er einen aus Mondsichel und Sonnenscheibe zusammengesetzten Kopfschmuck; als Kindgott trägt er an der rechten Schläfe die traditionelle, manchmal geflochtene Seitenlocke der Kindheit. Auf der Stirn erhebt sich die königliche Kobra, die Uräus-Schlange; in den Händen hält er ein Sistrum. Dieses Bildnis aus wunderbarem rosafarbenem Granit ist im so genannten Flachrelief ausgeführt: Das Motiv ist in den Stein hinein gemeißelt worden, so dass das Werkstück nach Fertigstellung noch immer eine völlig plane Oberfläche hat. Im Gegensatz dazu wird das Motiv beim Hochrelief rundherum freigelegt und bildet somit den höchsten Punkt auf der Materialoberfläche.
Neues Reich,
Louvre

Chons

Chons	
In der Triade mit dem Schöpfergott Amun und der Mondgöttin Mut verbunden	
Haupt-Kultort: Karnak/Luxor (Oberägypten)	
Verkörperung: Männliche Mumie, falkenköpfiger Mann oder Kind mit der traditionellen Seitenlocke, gekrönt mit der Mondsichel	

Sein Name bedeutet »Flüchtige«, »der Reisende«, und den Texten von **Edfu** zufolge auch »*der, welcher (den Himmel) durchreist*«. Der Gott *Chons* ist seiner innersten Natur nach ein Reisender, denn er steht in direkter Verbindung zum Mond: Nach *Thot* ist er der wichtigste Mondgott des ägyptischen Pantheon. Allem Anschein nach gibt es ihn schon in ältester Zeit, denn er erscheint in den »Pyramidentexten« des *Unas*, des letzten Königs der 5. Dynastie. Außerhalb dieses Kontextes allerdings wird er in den Dokumenten jener Epoche nur sehr selten genannt. Es scheint sich bei ihm eher um einen lokalen Mondgott zu handeln. Sein Kult nimmt erst im Neuen Reich größere Formen an. Dort wird er zum Sohn-Gott der thebanischen Triade: Er steht nun mit dem Reichsgott *Amun* und dessen Gattin *Mut* in Verbindung. Einige Jahrhunderte lang dominieren die drei die religiöse Landschaft Ägyptens. Mit ihrer Verbindung ist der thebanischen Priesterschaft die Schaffung einer heiligen Familie gelungen, die in sich die Grundprinzipien aller Schöpfung enthält: ein Sonnengott, *Amun-Re*, eine Himmelsgöttin, *Mut*, und ein Mondgott, *Chons*. Im Heiligtum des *Amun* in **Karnak** hat *Chons* seinen eigenen kleinen Tempel. Die interessantesten Darstellungen jedoch befinden sich im Heiligtum der Göttin *Mut*. Dort finden sich die heute sehr verfallenen Reste eines kleinen Tempels aus dem Neuen Reich, auf dessen Mauern Reliefs mit Szenen der Geburt, der Beschneidung und der Kindheit des *Chons* zu bewundern sind. Die Ikonographie beschwört die beiden Haupteigenschaften des *Chons* herauf: Er ist gleichzeitig Mondgott und Kind. So erscheint er z. B. als mit der Mondsichel gekrönte Mumie; an der rechten Schläfe trägt er eine Seitenlocke. Diese charakteristische, oft geflochtene Locke ist die traditionelle Haartracht der Kinder, ob menschlicher oder göttlicher Herkunft, und dient in der Ikonographie als Hinweis auf das jugendliche Alter der dargestellten Personen.

OSIRIS

DER GOTT DES JENSEITS

DIE »VERSCHLINGERIN DER SEELEN«

SIE VERSCHLINGT IM FALLE EINES NEGATIVEN
URTEILS DIE SEELE DES VERSTORBENEN

ÜBER DER SZENE THRONEN DIE 42 RICHTERGOTTHEITEN

PAPYRUS DER PTOLEMÄERZEIT

THOT	**ANUBIS**	**HORUS**	**DER VERSTORBENE IN BEGLEITUNG DER MAAT**
DER GÖTTLICHE SCHREIBER HÄLT DAS MESSERGEBNIS FEST	DER GOTT DER EINBALSAMIERUNG	ER ÜBERPRÜFT ZUSAMMEN MIT ANUBIS DAS MESSERGEBNIS	DIE GÖTTIN DER WAHRHEIT UND GERECHTIGKEIT

DES TOTENGERICHTS VON OSIRIS

**Maat in Begleitung
des Verstorbenen**

*Auf diesem fein gearbeiteten
Papyrus ist die traditionelle
Szene des Seelengerichts dargestellt. Der Verstorbene wird von
Maat, deren Kopf hier durch
ihre emblematische Straußenfeder ersetzt wurde, in den
Gerichtssaal geführt. Der falkenköpfige Horus und der schakalköpfige Anubis überwachen
das Wiegen des Herzens, während der ibisköpfige Thot das
Ergebnis niederschreibt. Vor
ihnen sitzt die »große Leichenfresserin«, deren Aufgabe es ist,
die Seele des Toten im Falle eines ungünstigen Urteils zu ver-
schlingen. Sie wartet ungeduld-
ig auf den Richterspruch des
Osiris, der als Herr des Seelengerichts unter dem Baldachin
thront. Über der Szene sitzen
die 42 Richtergottheiten, die
von den Qualitäten des Verstorbenen Rechenschaft ablegen.*
Ptolemäische Epoche,
Louvre

Der Gott Min

*Min hat eine ganz spezielle
Ikonographie, die in einem direktem Zusammenhang mit seiner Funktion als Gottheit der
Fruchtbarkeit und der Zeugung
steht. Er trägt eine mumienför-
mige Hülle, aus der sein eri-
gierter Penis herausragt. Sein
rechtwinklig erhobener rechter
Arm trägt die Geißel, ein Zeichen der Gottheit und der Königswürde. Sein Kopfschmuck,
identisch mit dem des Amun,
besteht aus einer Basis in Form
eines Mörsers, auf dem sich
zwei hohe Federn und die Sonnenscheibe erheben. Dadurch
wird Min als eine Form des
Amun kenntlich, denn in der
Hieroglyphik schreiben sich
beide Namen gleich: Genauer
gesagt ist Min die Personifizierung des Fruchtbarkeits- und
Schöpfungsaspektes des Reichsgottes Amun.*
Epoche des Niedergangs,
Louvre

Maat

Maat

Tochter des Re

Göttin der Gerechtigkeit und der Wahrheit

**Verkörperung: Frauengestalt mit einer Straußen-
feder geschmückt oder auch nur einzelne Straußenfeder**

Maat gilt als Tochter des *Re* und verkörpert die
Wahrheit und die Gerechtigkeit, die Weltordnung und
das kosmische Gleichgewicht. Sie ist es, die die Schöpfung aufrecht erhält. Ihre Funktion ist es, für das plan-
mäßige Funktionieren der Himmelskörper zu sorgen
und die Integrität der sozialen Ordnung zu überwachen.
Sie speist die Gottheiten fortwährend mit ihrer universellen Harmonie. Im Kult der *Maat* ist das tägliche
Opfer eine der wichtigsten Verrichtungen – sich diesem
zu entziehen, hieße die Welt den Angriffen durch die
Mächte des Chaos preiszugeben. So ist es fundamental
wichtig, die von ihr verkörperten Prinzipien in höchsten
Ehren zu halten, um den ordnungsgemäßen Lauf der
Welt und damit das Leben zu garantieren.

Beim Seelengericht wird die Feder der *Maat* gegen das Herz des Verstorbenen aufgewogen; so wird das
Gewicht der Sünden festgestellt. Der Prüfung, ob der
Verstorbene »mit *Maat* übereinstimmt«, d. h. ob sich
seine Seele in Harmonie mit den moralischen Normen
der Gesellschaft befindet, kann sich niemand entziehen,
der ins Reich des *Osiris* eingehen möchte. Im täglichen
Leben steht *Maat* für alles, was mit Wahrheit und Gerechtigkeit zu tun hat. Als Garant der sozialen Ordnung
steht der Wesir der Administration vor und ist somit zugleich »Priester der *Maat*«. Als Zeichen seiner Würde
trägt er ihre Statuette vor der Brust. »*Maat* zufolge sprechen« bedeutet, die Wahrheit zu sagen.

Maat ist unumgänglich, denn weder die Götter,
noch die Könige oder die gewöhnlichen Sterblichen
können sich ihren Gesetzen entziehen. Als Verkörperung
eines Universalprinzips besitzt sie keinen eigenen Tempel, sondern sie ist in allen Tempeln des Niltals gegen-
wärtig. In den Szenen des täglichen Gottesdienstes wird
oft der Pharao dargestellt, wie er dem Gott des jeweiligen Heiligtums eine Statuette der *Maat* darbietet. Ganz
gleich, wo sie erscheint, ihre Ikonographie ist immer
gleich: Entweder erscheint sie als Frauengestalt, geschmückt mit einer Straußenfeder oder schlicht in ihrer
hieroglyphischen Form, der einfachen Straußenfeder.

Min

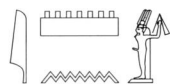

Min

**Fruchtbarkeitsgottheit und Schutzherr der öst-
lichen Wüstenstraßen**

Haupt-Kultort: Achmim und Coptos

**Verkörperung: Mann mit erigiertem Penis, der hin-
ter dem Kopf erhobene rechte Arm hält eine Geißel**

Mins Ikonographie wirkt auf den ersten Blick
etwas befremdlich. Doch seine scheinbar schamlose Erscheinung steht in direktem Zusammenhang mit der
Funktion des Gottes und hat keinerlei perverse Konno-
tationen. *Min* ist ganz einfach eine Fruchtbarkeitsgottheit und verkörpert damit das schöpferische Prinzip. Aus
diesem Grunde erscheint er als Mann in Mumienbinden
mit erhobenem Geschlecht. Sein rechter Arm ist rechtwinklig hinter den Kopf erhoben, und anstelle eines
Zepters hält er das Flagellum, die königliche Geißel.
Sein Kopfschmuck in Form eines Mörsers mit zwei
hohen Federn ist identisch mit dem des Reichsgotts
Amun. Seine Mumienumhüllung ist eine traditionelle
Erscheinungsform jener Gottheiten, die mit der Unterwelt sowie den Prinzipien der Schöpfung und der
Fruchtbarkeit in Zusammenhang stehen. Zuweilen ist er
schwarzhäutig dargestellt, was seinen Ursprung in einer
religiösen Praktik hat: An bestimmten Festen zu seinen
Ehren bestreichen die Priester die Statuen des *Min* zur
Stärkung und Stimulierung seiner Fruchtbarkeit mit
einer Paste aus Holzkohle und Bitumen. Das Fest des
Min leitet die Ernte zu Beginn der Jahreszeit Chemu
ein. Man bietet ihm zu diesem Anlass Opfergaben aus
Römersalat dar; einer Salatart, dessen Saft man eine
aphrodisische Wirkung nachsagt.

In den nördlich von **Theben** gelegenen Städten
Coptos und **Achmim** wird *Min* als Schutzherr der Karawanen der östlichen Wüstenstraßen verehrt, denn von
hier aus machten sich die Karawanen auf den Weg in die
arabische Wüste oder in die östlichen Länder. So wird
Min, der »an Düften Reiche«, in den historischen Texten
»*der Meister des Lapislazuli und des Malachit*« und
»*der Herr der fremden Länder des Orients*« genannt. In
dieser Region des Landes lässt sich sein Kult bis in die
älteste Zeit zurückverfolgen. Einst muss er einen Tempel
am Fuß der Berge besessen haben, denn in mehreren antiken Dokumenten finden sich Hinweise darauf: Hinter
dem Bildnis des *Min* erscheint jeweils eine hohe, in
einen scharfen Berggrat eingelassene Kapelle.

Month

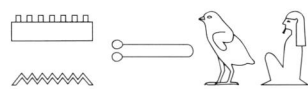

Month
In der Triade mit der Göttin Rattawi (der weibliche Aspekt der Sonne) und der Tochter-Gottheit Iunit verbunden
Kriegsgott der thebanischen Region
Haupt-Kultorte: Armant und Tod (Oberägypten)
Verkörperung: falkenköpfiger Mann mit einem Kopfschmuck aus zwei hohen Federn

Der aus **Theben** stammende Falkengott *Month* verkörpert die unwiderstehliche Gewalt des Kriegers. Den Texten zufolge ernährt sich dieser ungewöhnliche Gott, »*der grössere als ihn selbst zu unterwerfen versteht*«, nicht von den Produkten der Erde: »*Sein Brot sind die Herzen, und sein Wasser ist das Blut.*« Aus politischen Gründen erfreut er sich jedoch im Laufe der ägyptischen Geschichte nicht immer der gleichen Beliebtheit innerhalb des Königreiches.

Es ist ganz natürlich, dass er in den Dokumenten des Alten Reiches selten vertreten ist, denn in dieser Epoche machen die Könige weder große Feldzüge noch werden sie von Fremdinvasionen bedroht. Im Mittleren Reich dagegen steigt sein Ansehen beträchtlich. Seit dem Beginn der Ersten Zwischenepoche, in der 11. Dynastie, machen mehrere Herrscher seinen Namen zum Bestandteil ihres Königsnamens: So bedeutet *Mentuhotep* »*Month* ist zufrieden.« Es gelingt dem ersten König dieses Namens, einem thebanischen Prinzen, nach einer langen Periode der Unruhe, das Reich unter einer Herrschaft zu vereinigen und damit das Mittlere Reich einzuläuten. Die Könige der 12. Dynastie, Erben eines vereinigten Reiches, nehmen nun die Erweiterung ihrer Reichsgrenzen in Angriff: Sie unterwerfen Nubien und organisieren Einfälle nach Asien. Daher werden *Month*, dem Kriegsgott Ägyptens, nun mehrere Tempel geweiht. Diese Heiligtümer befinden sich allesamt in der thebanischen Region; denn schließlich ist *Month* vor allem ein Gott **Thebens**. Im Heiligtum von Tod, dem berühmtesten von allen, ist *Month* in der Triade mit zwei weiblichen Gottheiten verbunden: der Göttin *Rattawi*, die die Sonne in ihrem weiblichen Aspekt verkörpert, und der Kindgottheit *Iunit*. Im Jahre 1936 fand man in diesem Tempel einen Schatz in asiatischem Stil, der den Namen *Amenemhats III.* trug. In vier in einer Sandgrube versenkten Kisten befanden sich unzählige Kleinodien: roher und bearbeiteter Lapislazuli, Objekte

aus Silber und Gold, Barren aus Bleisilber und Gold, Amulette und Siegel, Rollsiegel, Becher und Ketten.

Während des Neuen Reiches muss *Month* in gewissem Maße vor der wachsenden Bedeutung des thebanischen Gottes *Amun* zurückweichen. Er verliert seine universellen Charakterzüge an diesen neuen Reichsgott und beschränkt sich nunmehr ausschließlich auf seine Rolle als Kriegsgott. In den Schlachten steht er dem Pharao zur Seite, der sich gerne mit dem mutigen und aggressiven Gott vergleichen lässt. So wird von der berühmten Schlacht von Qadesch, in der *Ramses II. Muwattali*, dem König der Hethiter, gegenüberstand, berichtet: »*Seine Majestät (Ramses II.) erstürmte die Festung von* **Sile**, *mächtig wie* **Month** *auf dem Vormarsch. Alle Länder erzitterten vor ihm, und ihre Herrscher legten ihm Tribute zu Füßen. All seine Feinde beugten den Rücken vor der Autorität Seiner Majestät.*«

Mut

Mut
In der Triade mit dem Gott Amun und dem Kindgott Chons verbunden
Überwiegend als Schwester-Gattin des Amun verehrt
Haupt-Kultort: Karnak/Luxor (Oberägypten)
Verkörperung: Frauengestalt mit einer Geierfigur auf dem Kopf

In den religiösen Texten wird die Göttin *Mut* mit nur einem Zeichen geschrieben: dem Geier im Profil. Was wäre also natürlicher, als ihr Eigenschaften zu verleihen, die der Geier-Gottheit *Nechbet*, der Schutzherrin Oberägyptens, sehr ähnlich sind? Tatsächlich hatte diese These in der Zeit, als die Erforschung der ägyptischen Hieroglyphen noch in den Kinderschuhen steckte, viele Anhänger. Inzwischen erlaubt uns die bessere Kenntnis der altägyptischen Sprache eine Neuformulierung dieser Hypothese. Wir wissen heute, dass hieroglyphische Zeichen völlig verschiedene Dinge ausdrücken können: Einerseits können sie als Phonogramme (Zeichen, die für jeweils einen, zwei oder drei Konsonanten oder Halbkonsonanten stehen), als *Ideogramme* (Zeichen, die ein Konzept verkörpern und somit ein Wort durch nur ein Zeichen ausdrücken) oder als Determinative (Zeichen, die das vorhergehende Wort qualifizieren) verwendet werden. Während man früher glaubte, dass das

61

Zeichen der Göttin *Mut* ein Ideogramm war, wissen wir nun, dass es sich vielmehr um ein Phonogramm handelt, und zwar für das altägyptische Wort *Mwt*, »die Mutter«. Diese Annahme wird auch durch die Tatsache unterstützt, dass es keine einzige ausschließlich tierische Darstellung dieser Gottheit gibt. Manchmal trägt sie eine Geierfigur auf dem Kopf; doch dieser Kopfschmuck ist nicht ihr allein vorbehalten: Er wird von einer ganzen Reihe von Göttinnen und sogar von Königinnen und Königinmüttern als Krone getragen. So muss man sie wohl als Muttergottheit verstehen, die besonders mit den Königinnen und Königinmüttern des ägyptischen Reiches in Zusammenhang steht.

Als **Theben** zur Reichshauptstadt wird, kommt *Mut* zu hohen Ehren als Schwestergattin des Reichsgottes *Amun* und als Mutter des *Chons*, dem Kindgott der thebanischen Triade. In **Karnak**, wo sich ein riesiges Heiligtum des *Amun* befindet, ist ihr ein eigener Kult gewidmet. Ihre von einer Umfriedung umgebene Domäne befindet sich im Süden des *Amun*tempels; sie ist mit diesem durch einen so genannten Dromos verbunden, eine 300 Meter lange, mit Sphinxen gesäumte Allee. Der Komplex ist heute sehr verfallen, doch haben archäologische Ausgrabungen einen Tempel zutage gefördert, der unter *Amenophis III.* errichtet worden war und in dem sich einige sehr aufschlussreiche Statuen der Göttin *Mut* befanden.

Es scheint ganz so, als hätte *Mut* seit dem Neuen Reich auch die Charakteristika der Löwengöttinnen, der so genannten gefährlichen Göttinnen wie *Sechmet*, übernommen. Im Laufe der Zeit ergänzten sich die Eigenschaften der beiden soweit, dass sie schließlich zu einer einzigen ambivalenten Gottheit wurden: *Sechmet*, die Inkarnation der zerstörerischen Kraft, und *Mut*, die Trägerin der friedfertigen Aspekte dieser Furcht erregenden Göttin. Um die Zerstörungen der *Sechmet* wieder auszugleichen, tritt daher die wohltätige und heilkräftige *Mut* auf den Plan. Der Tempel in Karnak war dieser Doppelgottheit gewidmet. Die vielfältigen Möglichkeiten dieser facettenreichen Gestalt bewogen die Ägypter, sich wegen jedes nur erdenklichen Problems an sie zu wenden: Da sie nach dem Volksglauben dazu in der Lage war, alles nur mögliche Unheil heraufzubeschwören, war sie ebenfalls der Schlüssel zu dessen Heilung. Als *Amenophis III.* von einer unheilbaren Krankheit befallen wurde, opferte er der Göttin *Mut* an die 600 Statuen der Löwengöttin *Sechmet*, um seine Heilung zu erflehen. Die schönsten davon sind heute in Museen zu besichtigen, doch sind noch eine Reihe von ihnen zwischen den spärlichen Ruinen des Tempels verblieben.

Nefertem

Nefertem	

In der Triade mit Ptah und der Göttin Sechmet verbunden
Gottheit des ersten Lotos
Haupt-Kultort: Memphis (Unterägypten)
Verkörperung: mit einer Lotosblume gekrönter Mann

Nefertem ist die Gottheit des ersten Lotos und verkörpert besonders den Blauen Lotos. Normalerweise erscheint er entweder mit einer Lotosblüte auf dem Kopf oder mit einer Krone, die sich aus verschiedenen Elementen zusammensetzt: eine von zwei Federn überragte Lotosblüte, die von zwei Anhängern in Form von Fruchtbarkeitssymbolen im Gleichgewicht gehalten wird.

Nach einer Legende aus **Hermupolis** wurde die Sonne aus »*einer großen Lotosblüte*« geboren, »*die dem Urozean entstiegen war.*« Genauer gesagt, trieb zu Anbeginn aller Zeiten auf dem Urozean *Nun* ein geschlossener Lotoskelch, bis plötzlich ein so intensiver Lichtstrahl erschien, dass die Blüte zum Leben erwachte und sich öffnete. Aus dem nun geöffneten Kelch erhob sich die Sonne. Wenn diese am Abend im Westen untergeht, verbirgt sie sich aufs Neue in diesem Lotoskelch, der sich wieder über ihr schließt. Erst am Morgen entlassen die sich öffnenden Blütenblätter die Sonne wieder auf ihre tägliche Reise um die Welt.

In einer Passage der »Pyramidentexte« wird *Nefertem* beschrieben als »*die Lotosknospe unter der Nase des Re*«. Diese Episode erzählt von einer der vielen Revolten, die gegen den Sonnengott angezettelt wurden. Hier ist *Re* noch ein Kind, doch seine Feinde beschließen dennoch, ihn verschwinden zu lassen, und zwar am Morgen, wenn er sich im Osten befindet. Es entbrennt ein heißer Kampf »*im Himmel und auf der Erde*«, der von den Verteidigern des *Re* gewonnen wird. Ein ziemlich überraschendes Detail in dieser Erzählung ist der Umstand, dass *Re* in der entscheidenden Schlacht unter den Nasenlöchern eine Lotosblüte trägt – *Nefertem*.

Je nach dem Ort, an dem sich sein Kult befand, wurde *Nefertem* verschiedenen Gottheiten zugeordnet. In **Memphis** gilt er als Sohn des *Ptah* und der *Sechmet*. Im Nildelta, in **Bubastis**, ist er der Sohn der Katzengöttin *Bastet*. Noch weiter nördlich, in **Buto**, ist er »*der Beschützer der beiden Länder*« und symbolisiert so eindeutig die Vereinigung von Ober- und Unterägypten.

Neith

Neith

Gattin des Chnum (in Esna) und Mutter des Sobek
Schöpfergottheit der Stadt Esna
Haupt-Kultort: Sais (Unterägypten) und Esna
(Oberägypten)
Verkörperung: mit der roten Königskrone Unter-
ägyptens oder ihrem Emblem (zwei Pfeile in einem
Köcher) geschmückte Frau

Die Göttin Neith

*Ihr Kult stammt aus der Stadt
Sais, wo sie die Schutzherrin
des Nildeltas ist. Doch ihr Einfluss erstreckt sich weit über
diese Grenzen, und sie tritt in
einer Vielzahl von Rollen auf,
so als Demiurg, als Schutzpatronin der Weber, der Wissenschaft und Vernunft oder als
Kriegsgöttin ... Sie erscheint
meist als Frau in einem langen
Gewand und der roten Krone
von Unterägypten. In dieser
Stele aus Naucratis, einer Stadt
im Süden von Alexandria,
thront Neith in einer völlig sym-
metrischen Doppelszene vor
Nektanebes I., dem ersten Pharao der 30. Dynastie. Der Text
in Form eines Dekretes legt fest,
dass die Priesterschaft von Sais
Anspruch auf den zehnten Teil
aller aus dem Ausland einge-
führten Güter hat.*
Epoche des Niedergangs,
Ägyptisches Museum, Kairo

Neith ist die Göttin der Stadt **Sais** im westlichen
Nildelta. Sie wird entweder mit der roten Krone Unterägyptens dargestellt oder sie trägt einen Kopfschmuck
mit ihrem Emblem, zwei Pfeilen im Köcher. Sie ist eine
der wenigen Schöpfergottheiten des ägyptischen Pantheon. In dieser Funktion ist sie androgyn: »*Zwei Drittel
ihrer Person sind männlich und ein Drittel weiblich ...
Das zweifache Land frohlockt, denn seine Herrin, Gott
und Göttin, leuchtet über ihm.*« Zahlreiche Texte berichten von diesem Schöpfungsmythos: Die vollständigsten
unter ihnen befinden sich an den Tempelwänden von
Esna. Hier jedoch teilt sich *Neith* die Rolle des Demiurgen mit dem widderköpfigen Töpfer *Chnum*.

Sie erscheint als »die große Urmutter«, die der
Sonne und dem Universum das Leben schenkt. Am Anfang aller Zeiten manifestiert sie sich als Kuh, *Ihet*, die
auf dem Urozean treibt: »*Der Vater der Väter, die Mutter der Mütter, das göttliche Wesen, das als erstes existierte, befand sich am Busen der **Nun**; aus sich selbst
heraus entstanden, als sich die Erde noch in der Finsternis befand und keine Pflanzen wuchsen. Sie nahm die
Gestalt einer Kuh an, die keine Gottheit, wo auch immer
sich diese befand, erkennen konnte.*« Dann erschafft sie
durch das einfache Aufrufen ihrer Namen dreißig Gottheiten, die ihr bei der Schöpfung assistieren sollen. »*Oh,
du, welche uns das Leben geschenkt hast, du, deren Kinder wir sind, mach, dass wir verstehen, was noch nicht
ist, denn siehe, dieser Hügel ist verlassen, und wir wissen noch nicht, was sein wird.*« Nachdem sie sehr lange
über die verschiedenen Methoden nachgedacht hat, mit
denen sie die Welt erschaffen könnte, erklärt *Neith*, hier
als Kuh *Ihet*, ihren dreißig Kindern, den Urgottheiten,
dass sie nun eine ganz besondere Gottheit, die Sonne,
erschaffen werde: »*Heute wird ein erhabener Gott erscheinen. Wenn er sein Auge öffnet, wird es Licht werden; wenn er es schließt, erscheint die Finsternis. Die
Menschen werden seinen Tränen entspringen und die
Götter dem Speichel seiner Lippen. Ich werde ihn stark
machen durch meine Stärke, ich werde ihn leuchtend
machen durch mein Licht, ich werde ihn mächtig machen durch meine Macht ... Denn es ist mein Kind, aus
mir hervorgegangen, und er wird der König aller Länder sein auf ewig. Ich werde ihn beschützen und ihn in
meinen Armen bergen, dass nichts ihn anfechten kann.
Ich werde euch seinen Namen sagen: des Morgens wird
er **Chepre** sein, **Atum** am Abend, und er wird der strah-
lende Gott sein, jeden Tag für alle Ewigkeit unter diesem
seinem Namen **Re**.*«

So entwickelt die Schöpfung ihren logischen
Gang. Eines Abends jedoch findet *Re* seine Mutter nicht
wieder und beginnt zu weinen: »*Und die Menschen entsprangen aus seinen Tränen.*« Nachdem er sie gefunden
hat, beginnt ihm der Speichel zu laufen: »*Und die Götter entstanden aus seinem Speichel.*« Ein andermal war
es *Neith*, die aus Versehen in den Urozean spuckte. Angewidert wiesen die Götter diesen Auswurf zurück: »*Da
wurde er zu einer hundert Ellen langen Schlange, die
man Apophis nannte.*« Etwas später entstand *Thot*: »*Er
entsprang dem Herzen des Re in einem Moment der
Traurigkeit.*« So haben am Ende der Geschichte alle
Elemente der Schöpfung ihren Platz gefunden, worauf-
hin *Neith* beschließt, sich nach **Sais** zurückzuziehen. Sie
verwandelt sich wieder in die Kuh *Ihet* und nimmt *Re*
zwischen die Hörner, um ihn vor seinen durch *Apophis*
verkörperten Feinden zu beschützen. Nach ihrer Ankunft in **Sais** bittet *Re* die versammelten Gottheiten, ein
großes Fest auszurichten, um die lange und beschwer-
liche Reise zu feiern: »*Geht heute zu Neith, gebt ihr ein
Fest an diesem wundervollen Tag, denn sie hat mich sicher bis hierher gebracht. Zündet Fackeln für sie an und
feiert mit ihr bis in den frühen Morgen.*«

Abgesehen von dieser Rolle als Demiurg erscheint *Neith* in den verschiedensten Rollen in den religiösen Mythen und Legenden entlang des ganzen Niltals. So erscheint sie oft als Bogenschützin; außerdem ist
sie die Schutzpatronin der Weber und wird durch eine
interessante Assoziation mit der Weberei zur Verkörperung der Wissenschaft. Schon allein ihr Name beschwört die Weisheit und die Vernunft herauf; so ist sie
die weise Ratgeberin der Götter, an die sich diese zu
allen Gelegenheiten wenden. Sie ist ebenfalls die Mutter
des Krokodilgottes *Sobek*. Parallel zu ihren irdischen
Funktionen agiert sie auch im Jenseits: Zusammen mit
Isis, *Nephthys* und *Selket* wacht sie über den Verstorbenen und die Kanopen mit dessen einbalsamierten Eingeweiden; besonders über den Magen.

Nechbet und Wadjet

Nechbet

Nechbet

Schutzgottheit Oberägyptens
Haupt-Kultort: El-Kab (Oberägypten)
Verkörperung: Geiergestalt mit der weißen Krone des Südens

Nechbet, »die von Necheb«, ist die Geiergöttin der Stadt **Necheb**, des heutigen **El-Kab**, in Oberägypten. Sie ist die Schutzgottheit des Südens, so wie *Wadjet*, die Kobra von **Buto**, die des Nordens ist. Beide zusammen garantieren die Sicherheit des Pharao, des »*Königs der beiden Länder*«. In der königlichen Nomenklatur erinnert der zweite Name an diesen doppelten Schutz: Es ist der Name der nbty, d. h. »der Name der beiden Herrinnen«. Kobra und Geier befinden sich beide über dem nb-Zeichen, einem Korb. Dieses hieroglyphische Zeichen ist die Anrede für einen »Herrn« und somit für den König, für einen Gott sowie jede andere hochgestellte Person. »Der Name der beiden Herrinnen« bezeichnet durch die Assoziation mit den Schutzgottheiten Ober- und Unterägyptens den König und dient besonders zur Bekräftigung der Tatsache, dass sich das ganze Land unter einer einzigen Herrschaft befindet. Oft wird *Nechbet* als Geier mit ausgebreiteten Flügeln dargestellt, die weiße Krone des Südens auf dem Haupt, die zuweilen noch mit zwei langen Federn flankiert ist. In den Krallen trägt sie das Zeichen »chen«. Dieses Zeichen, in Form einer runden Kartusche, bedeutet »*alles, was der Sonnenlauf umschließt*«; genauer gesagt, das Universum. Manchmal wird *Nechbet* als sitzender Vogel neben der *Wedjat*-Kobra dargestellt, oder beide zusammen rahmen ein Symbol von besonderer Bedeutung ein: So erscheinen die beiden z. B. auf Brustornamenten oder anderem Schmuck, als Begleiterinnen des Sonnengottes, in einer königlichen Kartusche, auf einem Wedjat-Auge oder einem Djed-Pfeiler.

Nechbet wacht nicht nur über den König, sondern auch die Königinnen von Ägypten. So ist die Geierfigur ein typischer Bestandteil von Krone und Schmuck der Frauen. Im Laufe der Zeit entwickelt sich *Nechbet* außerdem zur Herrin der östlichen Wadis. Ihr Herkunftsort **Necheb** befindet sich im Süden von **Luxor**, am Ostufer des Nil, wo sie über all jene Straßen herrscht, die zu den Steinbrüchen von **Wadi Hammamat** oder den Goldminen der östlichen Wüstengebiete führen.

DIE DUALITÄT IN ÄGYPTEN

	SÜDEN	NORDEN
REGION ÄGYPTENS		
BEZEICHNUNG	OBERÄGYPTEN	UNTERÄGYPTEN
KÖNIGSKRONE	WEISSE KRONE	ROTE KRONE
SCHUTZGÖTTIN	NECHBET	WADJET
TIERGESTALT DER GÖTTIN	GEIER	KOBRA
WOHNORT DER GÖTTIN	EL-KAB	BUTO
SCHUTZGOTT	SETH	HORUS
TIERGESTALT DES GOTTES	FABELTIER	FALKE
SYMBOLPFLANZE	LOTOS	PAPYRUS
SYMBOL	BIENE	BINSE

Der Kult der *Nechbet* entwickelt sich seit der 18. Dynastie, als die Stadt **Necheb** zur Hauptstadt des dritten Nome Oberägyptens wird und die Pharaonen der Stadt ein Heiligtum stiften, das sich bis in die griechisch-römische Zeit unaufhörlich vergrößern wird. Heute ist dort nur die Stadtmauer erhalten, die jedoch schon allein wegen ihrer Ausmaße erwähnenswert ist. Nach und nach gewinnt die Person der *Nechbet* Dimensionen dazu: So wird sie z. B. zur Schutzherrin der Geburten. Diese Funktion leitet sich vermutlich von ihrer Rolle als Kin-

derfrau des *Horus* und der »Horuslegende« her. Der Erzählung nach muss *Horus* nach seiner Geburt im Verborgenen leben, um den Angriffen seines Onkels *Seth* zu entgehen. Daher versteckt *Isis* ihren Sohn in den Niederungen des Nildeltas. Sie überträgt die Rolle der Amme und Kinderfrau auf ihre Schwester *Nephthys* und auf die Göttinnen *Wadjet* und *Nechbet*. Aufgrund dieser Funktion der *Nechbet* verschmolzen die Griechen sie schließlich mit ihrer eigenen Göttin *Eileithyia* (*Ilythe*) und änderten den Namen **Nechebs** in **Eileithyaspolis**.

**Nephthys und Isis,
Anubis und Horus**

*Diese Goldplaketten zeigen vier
Gottheiten, die im Jenseits eine
große Rolle spielen. Auf der
rechten knien Isis und Nephthys
vor einem Djed-Pfeiler, dem
Symbol der Stabilität und
Dauer. Jede der beiden trägt
ihr Emblem auf dem Kopf: Das
Zeichen der Isis ist ein Thron,
das der Nephthys ein umge-
stülpter Korb über einem
Grundriss. Auf der linken Pla-
kette erscheinen Horus und
Anubis; beide tragen den
Pschent, die Doppelkrone von
Ober- und Unterägypten. Zwi-
schen ihnen befindet sich der
Isisknoten, ein magisches
Schutzsymbol. Beide tragen
ihren charkteristischen Tier-
kopf: Horus den des Falken und
Anubis den des Schakals.*
Griechisch-römische Epoche,
Louvre

Nephthys

Nephthys

Tochter des Geb (die Erde) und der Nut (der Himmel)
Schwester von Osiris. Horus dem Alten. Seth und
Isis:
Gattin des Seth; an der Seite der Isis Schutzherrin
der Verstorbenen
Verkörperung: Mit den Hieroglyphenzeichen ihres
Namens gekrönte Frauengestalt

Der Name der *Nephthys* erscheint selten ohne
den ihrer Schwester *Isis*. In der Tat symbolisieren die
beiden die unzertrennlichen Schwestern und die Ge-
schwisterliebe par excellence. Sie gehören zur letzten
Generation des großen Schöpfungsmythos von **Heliopolis**: die Töchter des Erdgottes *Geb* und der Himmelsgöttin *Nut* und die Schwestern von *Osiris*, *Seth* und
Horus dem Alten. *Isis*, die ältere von beiden, ist verhei-
ratet mit *Osiris*; die jüngere *Nephthys* ist die Gattin des
Seth. Doch diese offiziellen Paare verhindern dennoch
nicht gewisse Eskapaden: So ist der Schakal *Anubis* der
Sage nach die Frucht der illegitimen Vereinigung von
Osiris und *Nephthys*. Doch was auch immer ihre Funktion ist, die beiden Schwestern ergänzen einander stets.
Isis ist die Mutter des *Horus* und *Nephthys* seine
Amme: »*Es ist Horus, seine Mutter Isis hat ihm das
Leben geschenkt und Nephthys hat ihn gewiegt.*« *Isis* ist
die Frau von *Osiris*, *Nephthys* dessen Geliebte. *Isis*
symbolisiert die Geburt und das Licht, *Nephthys* den
Schatten und den Tod. So bilden sie zusammen eine un-
trennbare Einheit.

Im Gegensatz zu *Isis*, die überall im Lande einzeln verehrt wird, hat *Nephthys* jedoch keine autonome
Existenz. Im Allgemeinen erscheint sie im Zusammenhang mit Bestattungen, wo sie gemeinsam mit *Isis* über
das Wohl des Verstorbenen wacht. Diese Rolle als Beschützerin der Toten leitet sich aus der »Osirislegende«
ab, wo *Nephthys* an allen Phasen der Passion des *Osiris*
beteiligt ist. Eine besonders große Rolle spielt sie in
einem berühmten Text, der von den Ereignissen berichtet, die der Zerstückelung der Leiche des *Osiris* durch
Seth folgten: Die beiden Schwestern machen sich unter
unaufhörlichem Klagen auf die Suche nach den überall
im Lande verstreuten Leichenteilen. »*Durch uns ver-
gaßest du deinen Kummer. Wir tragen deine Gliedmaßen zusammen und wachen über deinen Körper.
Komm doch zu uns, auf dass man deinen Feind vergessen möge. Komm her in der Form, die du auf Erden hat-
test. Verschlucke deinen Ärger und versichere uns deiner
Gnade, oh Herr. Nimm die Herrschaft über die beiden
Länder wieder an dich, du, der einzige Gott, der gute
Absichten gegenüber den Gottheiten hegt ... Kehre doch
ohne Furcht zurück in deine Wohnstatt ...*«

So wachen *Isis* und *Nephthys* nun im Jenseits
über den Körper der Verstorbenen, so, wie sie es einst
bei *Osiris* taten. *Isis* befindet sich am Kopf der Sarkophage und *Nephthys* zu deren Füssen. Sie ist gekrönt
mit den beiden Hieroglyphenzeichen ihres Namens:
neb, der Korb, und *hwt*, der Grundriss eines Hauses. Ihr
Name *Nebhwt*, durch die Griechen zu *Nephthys* entwickelt, bedeutet »*die Herrin des Hauses*«. Die beiden
Göttinnen begleiten den Verstorbenen auf seiner letzten
Reise und garantieren seine Wiederauferstehung. Zusammen mit *Selket* und *Neith* wachen sie über die Ka-
nopenkrüge, in denen die einbalsamierten Eingeweide
der Toten aufbewahrt sind.

DIE SCHUTZGOTTHEITEN DER KANOPEN

SÜDEN	*ISIS* mit ihrem Hieroglyphenzeichen gekrönte Frau	*AMSET* Schutzgeist mit Menschenkopf	Leber
NORDEN	*NEPHTHYS* mit ihren Hieroglyphenzeichen (Korb und Grundriss) gekrönte Frau	*HAPI* Schutzgeist mit Paviankopf	Lungen
OSTEN	*NEITH* mit ihrem Emblem (zwei Pfeile im Köcher) gekrönte Frau	*DUAMUTEF* Schutzgeist mit Schakalkopf	Magen
WESTEN	*SELKET* mit einem Skorpion oder einer Larve gekrönte Frau	*QEBSENUF* Schutzgeist mit Falkenkopf	Gedärme

Nun

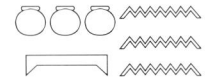

In verschiedenen Schöpfungsmythen, besonders denen von Heliopolis, Hermupolis und Memphis der Urozean. Symbol des Nichts, das der Schöpfung vorausgeht

»Bevor der Himmel existierte, bevor die Erde existierte, bevor der Mensch existierte, bevor der Tod existierte«, gab es nur *Nun*. Dieser Auszug aus den »Sarkophagtexten« nennt *Nun* als erstes Element. Tatsächlich lässt sich *Nun* jedoch auch als das Nichts, die Nichtexistenz, übersetzen; als das, was vor jeder Existenz war und somit selbst nicht existierte: Aus diesem Grunde ist *Nun* undefinierbar. Um es zu definieren, haben sich die alten Ägypter des Umwegs über die Beschreibung der wesentlichen Züge der Schöpfung bedient; in der Ableitung muss *Nun* als jene Qualität verstanden werden, die der manifesten Schöpfung entgegengesetzt ist. So sieht man es als eine unendliche, leblose Wasserfläche, ein Chaos jenseits jeder Ordnung, einen unendlichen, in totale und absolute Finsternis getauchten Raum. Es enthält in sich bereits alle Qualitäten des Seins, das Wesen aller Dinge und alle Macht der Welt: Die Stimulation dieses enormen Potentials wird den Schöpfungsakt ermöglichen.

»Ich war allein im Nun, *in der Starre, und ich fand keinen Ort, an dem ich stehen konnte; ich konnte mich nirgends hinsetzen. Die Stadt* Heliopolis, *wo ich einst residieren würde, war noch nicht gegründet; den Thron, auf dem ich sitzen würde, gab es noch nicht ... Die Götter der ersten Generation waren noch nicht erschienen, die Versammlung der Urgottheiten gab es noch nicht; denn sie waren noch bei mir ...«*

Die »Sarkophagtexte« belehren uns darüber, dass dem *Nun* eine Kraft innewohnt, die sich als unbewegliches und unbewusstes Wesen manifestiert: der Demiurg. Damit ist der Schöpfergott gemeint, der sich zu einem bestimmten Zeitpunkt aus einem unbekannten Grund von *Nun* löst, um ein unabhängiges Wesen zu werden. Sein erster Akt ist es, sich einen Körper zu schaffen; so ist der Demiurg sein eigener Erzeuger, denn den Texten nach *»kam er aus sich selbst heraus zur Existenz«*, ohne Vater noch Mutter. Auf dieselbe Weise modelliert er ein paar Schlangen, die ihm bei der Schöpfung assistieren sollen: Diese unförmigen Hybridwesen stehen zwar dem Demiurgen zur Seite, doch sind sie nicht Teil der Weltordnung, denn nach getaner Arbeit müssen sie verschwinden.

Eine Frage bleibt jedoch bestehen: Was wird aus *Nun*, nachdem die Welt erschaffen wurde? Man sollte meinen, *Nun* würde nach der Schöpfung verschwinden, aber das ist nicht der Fall. Es wird lediglich hinter die Grenzen der manifesten Welt zurückgedrängt und umschließt diese von allen Seiten. **Herodot** berichtet von einer Legende über den Ursprung des Nil: *»Die zweite Theorie ist weniger gelehrt, doch hat sie mehr Wunderbares an sich: Der Nil unterliegt diesem Phänomen (den jährlichen Überschwemmungen), weil er dem Ozean entsprang, der mit seinen Wassern die ganze Welt umschließt.«* Doch beeilt er sich hinzuzufügen: *»Ich kenne diesen Fluss Ozean nicht;* **Homer** *oder ein anderer älterer Dichter muss, denke ich, diesen Namen für seine Geschichten erfunden haben.«* Dieser »Ozean« des **Herodot** ist nichts anderes als *Nun*. Dorthinein, so sagte man ebenfalls, tauche die Sonne jeden Abend, um daraus am frühren Morgen wieder aufzutauchen. Doch befinden sich in diesem zwielichtigen und unwirtlichen Raum auch allerhand bedrohliche Mächte und bösartige Wesen, die ihn unaufhörlich in Bewegung setzen. Hier wohnt *Apophis*, die Riesenschlange, die immer wieder versucht, die Sonnenbarke zum Sinken zu bringen. Hierhin verschwinden auch die unglücklichen Seelen, die es nicht in das Königreich des *Osiris* geschafft haben.

Diese Mächte, die unaufhörlich das Weltgleichgewicht gefährden, symbolisieren die innere Natur des Chaos, das stets bemüht ist, die manifeste Welt zurückzuerobern. Mehrfach wird ein möglicher Sieg des *Nun* in den Texten heraufbeschworen; ein Sieg, der unvermeidlich das Ende der Welt zur Folge hätte. *»Die Ebene wird aufgeworfen, die beiden Enden der Welt werden sich vereinigen, die Flussufer sich treffen, die Straßen werden unpassierbar, die Abhänge zerstört, so dass niemand entkommen kann ...«* Der Tag wird kommen, an dem die Götter, die Lebenden und die Toten ihre Zeit vollendet haben, und die Welt aufhören wird zu existieren. Doch dieses Ende bedeutet nicht zugleich das absolute Ende, denn das, was nie geschaffen wurde, kann auch nicht zerstört werden: An diesem Tage werden sich *Nun* und der Demiurg wieder zu einem Ganzen vereinigen. Sie werden wieder den gesamten Raum ausfüllen, und der Demiurg wird wieder sein Bewusstsein und seine Beweglichkeit verlieren und sich im Urozean auflösen ... bis das Chaos durch einen neuen Schöpfungszyklus umgeformt wird.

Nut

Nut, das Himmelsgewölbe

Auf dieser bemalten Holzstele präsentiert sich die Dame Taperet vor Atum. Wenn dessen Name nicht über seinem Kopf geschrieben stünde, wäre er unidentifizierbar, denn seine Ikonographie erlaubt keinerlei Rückschlüsse auf seine Person. Nur zwei Details weisen darauf hin, dass es sich bei ihm um einen Gott handelt: So hält er die üblicherweise den Göttern vorbehaltenen Insignien, das Uas-Zepter und das Ankh-Symbol in den Händen, und über die Szene, entlang dem oberen Rand der Stele, beugt sich der Körper der Himmelsgöttin Nut, der Heimat von Sonne, Mond und Sternen. Entlang ihres Körpers bewegt sich die Sonnenbarke auf ihrer täglichen Reise. Die drei abgebildeten Sonnen symbolisieren Re-Atum-Chepre in seiner dreifachen Erscheinung: Neben dem Mund der Nut ist Atum, die untergehende Sonne; auf ihrem Bauchnabel befindet sich Re, die Sonne am Zenit, und am Schambein Chepre, die aufgehende Sonne.
Dritte Zwischenperiode,
Louvre

Nut entstammt dem Schöpfungsmythos von Heliopolis. Sie ist die Göttin des Himmels und formt ein Paar mit ihrem Bruder-Gatten *Geb*, der Personifikation der Erde. Sie wird gewöhnlich als über die Erde gebeugte Frauengestalt gezeigt, mit dem Kopf nach Westen und den Füßen nach Osten. Auf anderen Darstellungen jedoch erscheint sie als immense Kuh, die sich ebenfalls am Himmelsgewölbe ausstreckt. *Nut* ist der Ort, an dem sich der Sonnenlauf vollzieht. Diese Sonne tritt, genauer gesagt, zwei tägliche Reisen an: eine über den Tageskörper der *Nut*, die andere über deren Nachtkörper. Am Tage bewegt sich *Re* über den Torso der *Nut* und erhellt die Welt mit seinen Strahlen. Am Abend wird er von ihr verschluckt und am frühen Morgen wiedergeboren, um siegreich und erfrischt seine Tagesreise anzutreten.

Es finden sich zahlreiche Darstellungen dieser Tages- und Nachtreisen der Sonne auf ägyptischen Monumenten – besonders in den Grabstätten im Tal der Könige. Eine der bemerkenswertesten davon schmückt das Deckengewölbe im Grab *Ramses' VI.* Zwei langgezogene Körper wenden einander den Rücken zu: die Tages- und Nachtkörper der Göttin. Entlang des Tageskörpers der *Nut* repräsentieren zwölf rote Kreise zweifellos die zwölf Stunden des Tages. Auf einem Fluss zwischen Erde und Himmelsgewölbe schwimmen zwölf Barken, ebenfalls Symbole für die verschiedenen Stunden des Tages. Der Fluss entspringt am Schambein der Göttin; dort, wo sich die Sonnenbarke des Tages und der Nacht treffen: Hier steigt *Re* jeden Morgen von der einen in die andere um. An den Ufern des Flusses verfolgt eine jubelnde Menge von Geistern, Fabelwesen, Gottheiten, Ruderern und Schleppern den Lauf der Sonnenbarke und ihrer Besatzung.

Die Tagesreise, immer wieder behindert von Angriffen des kosmischen Feindes, der Schlange *Apophis*, endet am Mund der *Nut*, in dem *Re* verschwindet, um seine nächtliche Reise anzutreten.

Der Nachtkörper der *Nut* ist übersät mit Sternen. Auch hier ist die Reise des *Re* in zwölf Stunden unterteilt, doch anstelle des Flusses muss sich die Barke hier auf einem Sandbett fortbewegen. Jede Stunde der Nacht wird durch eine Pforte dargestellt, die passiert werden muss. Dieser Weg scheint sehr gefährlich zu sein, denn die Barke wird entlang des Ufers von einem Heer von fackel-, piken- und messerbewehrten Gottheiten und Geistern begleitet, um sie vor feindlichen Mächten und bösen Geistern zu verteidigen. Endlich, zur zwölften Stunde der Nacht, erreicht die Barke die Schenkel der Göttin: Nun kann die Sonne in einen neuen Tag wiedergeboren werden.

Doch jenseits ihrer Funktion als Himmelsgöttin bildet *Nut* einen integralen Bestandteil der Kosmogonie von **Heliopolis**. Dort ist sie die Tochter des *Schu* und der *Tefnut*, die Gattin des *Geb*, und vor allem die Mutter jener fünf Götter, deren Geburt nicht einer gewissen Originalität entbehrt. Die Trennung von Himmel und Erde durch *Schu* führte automatisch zu einer Fragmentation der Zeit, die durch den rhythmischen Lauf der Sonnenbarke gemessen wird. So unterteilen sich die 360 Tage des Jahres nun in zwölf Monate zu je 30 Tagen von je 24 Stunden. Diese Einteilung wurde vom Demiurgen veranlasst, der sich über das heimliche Techtelmechtel seiner Enkel *Geb* und *Nut* geärgert hatte. Außerdem verbat er der *Nut*, an einem der offiziellen Kalendertage zu gebären. Doch die arme Frau erwartete Fünflinge! So bat sie den Herrn der Zeit, den Gott *Thot*, um Hilfe, der der Sage nach heimlich in sie verliebt war. Um ihr zu helfen, forderte *Thot* den Mond zu einem Würfelspiel heraus und gewann diesem fünf weitere Kalendertage ab. So konnte *Nut* ihre fünf Kinder gebären: *Osiris, Horus den Alten (Haroeris), Seth, Isis* und *Nephthys*. Dadurch, dass sich deren Geburt außerhalb der offiziellen Kalendertage vollzogen hatte, wurden sie von den anderen Göttern als Eindringlinge betrachtet. Sie kamen bald in Verruf: Man nannte sie »die Kinder der Unordnung«, denn durch ihre andauernden Streitigkeiten untereinander riefen sie die Probleme der Welt ins Leben. Die fünf Tage ihrer Geburt sind die fünf letzten Tage des Jahres: Man nennt sie Extratage oder Epagomene, denn sie sind nicht in den zwölf Monaten des offiziellen Kalenders enthalten. So bilden sie eine Art Brücke zwischen den letzten Tagen des alten und den ersten Tagen des neuen Jahres.

Osiris

Osiris

Sohn des Geb (die Erde) und der Nut (der Himmel)
Bruder und Gatte der Isis
Gott des Jenseits und der Verstorbenen
Haupt-Kultort: Abydos (Zentralägypten)
Verkörperung: mumifizierter Mann mit der Atef-Krone, in den Händen Krummstab und Geißel

Osiris, der Totengott

Auf diesem Papyrus erscheint Osiris in einer wenig traditionellen Form: Es ist besonders die düstere und monochrome Farbwahl, die dieser Darstellung ihre Originalität verleiht. Die Wirkung ist jedoch darum nicht weniger superb und hebt dieses Werk über die klassischen Darstellungen des Königs des Jenseits hinaus. Osiris sitzt hier auf einem Thron und hält die Geißel, das hundeköpfige Uas-Zepter und den Heqa-Krummstab. Er trägt die mit zwei hohen Federn flankierte Atef-Krone; auf der Stirn zwei Widderhörner und die Uräus-Schlange. Auf seinen Mumienbinden sieht man das Lebenssymbol Ankh, den für Stabilität stehenden Djed-Pfeiler und das göttliche Uas-Zepter. Die Göttin Nechbet, als Schutzherrin Oberägyptens mit der weißen Krone geschmückt, legt ihre Geierflügel schützend um ihn.
Neues Reich,
Louvre

Osiris ist ohne Zweifel der populärste Gott des ägyptischen Pantheon. Seine Beliebtheit leitet sich aus seiner Funktion ab, denn diese betrifft alle Sterblichen, den König wie das gemeine Volk: Er ist der Gott des Jenseits, der Garant der Wiederauferstehung. Dennoch hat sich *Osiris* nicht immer einer solchen Bekanntheit erfreut: Seine Person ist ein Konglomerat aus verschiedenen Gottheiten, die im Laufe der Zeit in ihn übergingen. Am Anfang verkörpert er die Mächte der Unterwelt und die Fruchtbarkeit. Später wird er zu einem integralen Bestandteil der Kosmogonie von **Heliopolis**. Hier ist er der Sohn des *Geb* und der *Nut*, und vor allem der legitime Erbe des *Geb* auf den irdischen Thron. In **Memphis** übernimmt der die Charakteristika des Totengottes *Sokar* und in **Abydos** die des *Khentimentiu*, Totengott und Schutzherr der Nekropolen. So ist *Osiris* gegen Ende des Alten Reiches der unbestrittene Herr der Unterwelt, denn der tote König wird im Jenseits selbst zu einem *Osiris*; eine Metamorphose, die ab Beginn der 12. Dynastie alle Verstorbenen durchmachen. Darüber hinaus besitzt er gewisse, aus alten Mythen ererbte Wesenszüge: So ist er *Orion*, eine Konstellation am Nachthimmel; außerdem der Mond sowie eine der Erscheinungsformen der Sonne auf ihrer Reise durch die Unterwelt. Es ist daher ganz natürlich, dass sich die Priesterschaft bald anschickt, aufgrund der Komplexität seines Charakters eine Legende zu entwickeln, die seine diversen Wesenszüge zu einem harmonischen Ganzen vereinen soll. Dies ist die heute so genannte »Osirislegende«. Es existiert allerdings kein ägyptisches Dokument, die diese wunderbare Erzählung in ihrer Gesamtheit wiedergibt. Wir kennen die Geschichte heute durch das Werk des griechischen Schriftstellers **Plutarch**, »*Von der Isis- zur Osirislegende*«. Die »Osirislegende« ist in drei Abschnitte unterteilt: die Ermordung des *Osiris*, die Geburt und Kindheit des *Horus* und der Kampf zwischen *Horus* und *Seth* um das irdische Königreich.

Dieser Konflikt ist offensichtlich ein zentrales Problem der Götterwelt, denn am Ende der Geschichte mischen sich unaufhörlich Gottheiten ins Geschehen ein, die damit in keinem direkten Zusammenhang stehen.

Osiris ist der älteste Sohn des *Geb* und der *Nut* und der Erbe des irdischen Königreiches. Als König ist er der Zivilisator, der den Menschen die Landwirtschaft bringt und sie so vor »*einer Existenz voller Entbehrungen und wilder Tiere*« rettet. Außerdem führt er Gesetze und Religionspraktiken sowie die Zivilisation ein. In dieser Eigenschaft erscheint *Osiris* als *Unennefer*, »*das ewig gute Wesen*«. Sein Bruder *Seth* wird darüber von Eifersucht zerfressen und plant, ihn zu ermorden. Er lädt *Osiris* zu einem Bankett ein, an dem außerdem 42 Komplizen des *Seth* teilnehmen. Während des Banketts lässt *Seth* eine Kiste mit den genauen Abmessungen des *Osiris* herbeibringen. Seine Komplizen begeistern sich über deren Schönheit, und *Seth* verspricht sie demjenigen als Geschenk, der dort genau hineinpasst. Alle versuchen es daraufhin, jedoch ohne Erfolg; schließlich streckt sich auch *Osiris* darin aus und passt genau hinein. Sofort stürzen die Verschwörer herbei, verschließen die Kiste und werfen sie in den Nil. *Isis* macht sich daraufhin auf die Suche nach ihrem Gatten und findet ihn bei **Byblos**. Sie kehrt mit seiner Leiche nach Ägypten zurück und versteckt sie im Nildelta. Dort gelingt es ihr, von ihrem toten Gatten ein Kind zu empfangen: *Horus*, der unter dem Siegel der größten Verschwiegenheit geboren und erzogen wird. *Seth* jedoch, dem inzwischen von den Ereignissen berichtet wurde, macht sich auf ins Delta und findet dort die Leiche des *Osiris*; er schneidet diese in Stücke, die er über ganz Ägypten verstreut. Zusammen mit ihrer Schwester *Nephthys* macht sich *Isis* wiederum auf die Suche. Es gelingt ihr, alle Leichenteile zusammenzutragen, bis auf einen: den Phallus, der in den Fluss gefallen war und dort von einem Fisch, dem Oxyrhynchus, verschluckt wurde – einer Verkörperung des *Seth*. *Isis* und *Anubis* setzen *Osiris* nun wieder zusammen und wickeln ihn in Leinenbinden, wodurch die erste Mumie entsteht. Schließlich gibt *Thot* ihm das Leben wieder, jedoch in Form einer neuen Existenz, denn von nun an regiert *Osiris* über das Totenreich.

Der Mythos ist im Grunde eine Passion: *Osiris* ist eine Person, die auf Erden verraten und ermordet wurde, doch durch die Liebe der *Isis* kann er über diese Prüfungen triumphieren und zu neuem Leben erwachen. Dies ist der Grund dafür, dass man sich im Jenseits mit ihm identifiziert, denn schließlich ist *Osiris* derjenige, der jedem Menschen die Hoffnung auf ein ewiges Leben bringt.

Wadjet

Schutzgöttin Unterägyptens
Haupt-Kultort: Buto (Unterägypten)
Verkörperung: Kobragottheit

Wadjet, »*der farbige Papyrus*«, ist die Kobragöttin von **Per-Wadjet**, »dem Haus der *Wadjet*«. Diese im westlichen Nildelta gelegene unterägyptische Stadt heißt heute **Buto**; auf arabisch **Tell el-Fara'in**, »die Stadt der Pharaonen«. Während *Nechbet* die Schutzherrin Oberägyptens ist, beschützt *Wadjet* den Norden des Reiches und das Nildelta. Nebeneinander dargestellt, symbolisieren der Geier *Nechbet* und die Kobra *Wadjet* das Reich zu Friedenszeiten und die Macht des Königs über die »beiden Länder«, d. h. Ober- und Unterägypten. Die Ikonographie der *Wadjet* ist immer gleich: Sie erscheint als hochaufgerichtete Kobra mit der roten Krone von Unterägypten.

Der Königstitel besteht aus der Gesamtheit der vom Pharao bei seiner Thronbesteigung gewählten königlichen Namen. Er definiert den Herrscher und umreißt zugleich dessen politisches Programm; er unterscheidet ihn von seinen Vorgängern und seinen Nachfolgern. Anfangs trugen die Könige nur einen einzigen Namen: den Horusnamen. Im Laufe der Dynastien erweiterte sich der Königstitel auf insgesamt fünf Namen, die die grundlegenden Persönlichkeitsmerkmale und Qualitäten des Pharao zum Ausdruck bringen.

Im zweiten Titel des Königs, dem Namen der zwei Herrinnen, erscheinen die Göttinnen *Nechbet* und *Wadjet* als Garantinnen der zwei Länder des ägyptischen Reiches: Sie stehen für Stabilität, Einheit und Frieden.

DIE TITEL DES KÖNIGS

1. TITEL: DER HORUSNAME

Er präsentiert den König als Inkarnation des Falkengottes *Horus*. Auf einem Serekh-Zeichen, einer stilisierten Palastfassade, sitzt ein Falke mit der Pschent-Krone, einer Mischung aus der weißen Krone Oberägyptens und der roten Krone Unterägyptens.

2. TITEL: DER NAME DER ZWEI HERRINNEN

Dieser Titel unterstellt den König den beiden Schutzherrinnen Ägyptens: *Nechbet* und *Wadjet*: der Geier *Nechbet* aus **El-Kab** mit der weißen Krone des Südens erscheint neben der Kobra *Wadjet* aus **Buto** mit der roten Krone des Nordens. Sie sitzen jeweils auf einem umgestülpten Korb: in der Hieroglyphenschrift das Zeichen für den Pharao.

3. TITEL: DER NAME DES GOLDENEN HORUS

Er bestätigt die Unveränderlichkeit des Körpers des *Horus* und somit des Königs, dessen irdischer Inkarnation. Er wird dargestellt durch einen auf dem Zeichen für Gold, noub, sitzenden Falken.

4. TITEL: DER NAME DES KÖNIGS VON OBER- UND UNTERÄGYPTEN

Er besteht aus dem »Vornamen« des Königs und erklärt dessen Herrschaft über die beiden Königreiche Ägypts. Der Titel lässt sich übersetzen mit »*der, welcher zu der Binse und der Biene gehört*«; die Binse ist das Emblem des Nordens, die Biene das des Südens. Der Name erscheint stets in einer Kartusche ⬭, einer Art verlängerten Schlaufe, die die Weltherrschaft des Pharao symbolisiert.

5. TITEL: DER NAME DES SOHNES DES RE

Er erklärt den Pharao zum Sohn des Sonnengottes und erhöht ihn dadurch zum Gott. Dies ist auch der Name, unter dem uns die Pharaonen bekannt sind: *Sesostris, Amenophis, Thutmosis, Tutanchamun, Ramses ...*

Dies ist z. B. der vollständige Titel *Ramses' II.*:
1. »Mächtiger Stier, von der **Maat** geliebt«
2. »Beschützt Ägypten und unterwirft die fremden Länder«
3. »Reich an Jahren, groß an Siegen«
4. »Reich an der Wahrheit des **Re**, erwählt von **Re**«
5. »**Re** hat ihm das Leben geschenkt, dem von **Amun** Geliebten«

Ptah

Der Gott Ptah

Häufig nehmen die Götter je nach dem Aspekt ihres Charakters verschiedene Verkörperungen an. Darüber hinaus machen diese Ikonographien im Laufe der Zeit häufig Metamorphosen durch, indem die Gottheiten neue Charakteristika annehmen oder, indem sie neuen Einflüssen ausgesetzt sind. Bei Ptah ist dies nicht der Fall. Ganz gleich, ob er als Schöpfergott, Schutzherr der Handwerker oder der Nekropole von Memphis auftritt, ob im Alten Reich oder zur Zeit des Niedergangs, er erscheint immer in derselben Form: hochaufgerichtet, den Körper in eine Mumienhülle gewickelt – eine Erscheinung, die den Gottheiten vorbehalten ist, die in Zusammenhang mit der Fruchtbarkeit und der Unterwelt stehen. Auf dem Kopf trägt er eine schlichte Kappe, die bei einer farbigen Statue stets blau ist. In den Händen hält er das hundeköpfige Uas-Zepter, Symbol der Gottheit. Manchmal gesellen sich diesem auch der Djed-Pfeiler, Symbol von Dauer und Stabilität, und das Lebenssymbol Ankh hinzu.
Epoche des Niedergangs,
Louvre

Der aus **Memphis** stammende Gott *Ptah* ist eine der wichtigsten und höchsten Gestalten des ägyptischen Pantheon. Er erscheint als Mann in einer Mumienhülle, aus der nur die Arme hervorschauen, und hält ein Zepter in den Händen, das sich aus drei Elementen zusammensetzt: dem Djed-Pfeiler, Symbol der Dauer und Stabilität; dem Uas-Zepter, Symbol göttlicher Herkunft, sowie dem Ankh-Kreuz, Symbol des Lebens. Auf dem Kopf trägt er stets eine enganliegende blaue Kappe.

Zu Anfang ist *Ptah* nur der Schutzgott der Handwerker, der Goldschmiede und der Bildhauer. Er gilt als der Erfinder der Handwerkstechniken und der Kunst: Daher erscheint er als Schutzpatron der Handwerksgilden. Mit der Zeit übernimmt er auch die Aufgaben des *Sokar*, des Totengottes von **Memphis** und Schutzherrn der Nekropole; später auch die des *Osiris*: So verehrt man ihn unter dem Namen *Ptah-Sokar-Osiris*. Parallel dazu ist er mit dem *Apis*stier verbunden, denn dieser ist *Ptahs* offizieller Repräsentant und seine irdische Inkarnation. Wenn man **Herodot** Glauben schenkt, wurde der *Apis*stier von einer durch *Ptah* geschwängerten Kuh geboren, der dieser sich in Form eines Blitzstrahl genähert hatte. Unter dem Namen *Ptah-Tatenen* verkörpert er den Gott *Tatenen*, *»die Erde, die sich hebt«*: Als solcher wird er zur Inkarnation der Erde und des fruchtbaren Bodens, dem alles Leben entspringt. Angesichts seiner großen Popularität beeilt sich die Priesterschaft von **Memphis**, ihm eine göttliche Familie zur Seite zu stellen und verbindet ihn daher in der Triade mit der Löwengöttin *Sechmet* und *Nefertem*, dem Gott des Lotos.

Doch trotz aller seiner im Laufe der Zeit erworbenen Würden ist *Ptah* jedoch vor allem eine Schöpfergottheit. Leider ist uns nur ein einziges und zudem recht spätes Dokument der Kosmogonie von **Memphis** erhalten geblieben: eine Granittafel der 25. Dynastie, aus der Regierungszeit des *Schabaka*, die im Hauptheiligtum des *Ptah* in **Memphis** gefunden wurde. In der Einleitung wird erwähnt, dass es sich hier um eine Kopie eines älteren Papyrus handelt: *»Dieser Text wurde ein weiteres Mal durch seine Majestät geweiht im Heiligtum seines Vaters **Ptah** südlich seiner Mauern. Seine Majestät entdeckte, dass es sich um ein Dokument hohen Alters handelte, gesetzt in Versen, in einer Weise, dass man den Sinn nicht mehr von Anfang bis Ende verstehen kann. Seine Majestät hat ihn daher aufs Neue geweiht, auf dass er wieder in besserem Zustand sei als vordem ... Dies tat der Sohn des **Re**, Schabaka, für seinen Vater **Ptah-Tatenen**.«* Allem Anschein nach stammte der Originaltext vom Ende des Alten Reiches; das Original ist heute verloren. Die Version aus der 25. Dynastie, mit Sicherheit von der Priesterschaft des Tempels des **Ptah** überarbeitet und auf den neuesten Stand gebracht, weist heute einige Lücken auf, da die Stele in der arabischen Epoche und in der Neuzeit als Mühlstein verwendet wurde. So ist es uns z. B. unmöglich, die verschiedenen Elemente des Mythos zu rekonstruieren, der in sich Elemente der Schöpfungsmythen von **Heliopolis** und **Hermupolis** kombiniert, doch er teilt dem Lokalgott **Ptah** die Rolle des Schöpfers zu: Dieser ist es, der *»sich selbst geschaffen hat, und der die Gemeinschaft der Götter ins Leben rief ... er setzte die Götter in die Welt. Er gründete die Städte und die* Nome. *Er setzte die Götter in ihre Tempel. Er ließ ihre Opfergaben wachsen und gründete ihre Kapellen. Er schuf ihre Körper nach den Wünschen ihrer Herzen ...«* Er rief die Schöpfung ins Leben durch die Aktivität seines Geistes, indem er das zu Schaffende aussprach, und so durch die Formulierung seiner Ideen die verschiedenen Erscheinungen der manifesten Welt heraufbeschwor: *»**Ptah** erschuf das Sehen durch die Augen, das Hören durch die Ohren und die Atmung durch die Nase. Diese teilten sich dem Herzen mit. Er ist es, der zuließ, dass alles Erkennen sich manifestierte, und es ist die Zunge, die wiederholt, was das Herz gedacht ... Denn jedes göttliche Wort manifestiert sich durch das, was das Herz erschaffen, und durch das, was die Zunge angeordnet hat.«* Der schlichte Akt des Benennens der Dinge, die das Herz, der Sitz der Gedanken, erdacht hat, lässt diese existieren: *»So wurden alle Werke und alle Kunst geschaffen, die Arbeit der Hände, der Marsch der Beine, die Bewegung der Gliedmaßen, gemäß der Reihenfolge, die das Herz erdacht und die Zunge zum Ausdruck gebracht hatte.«* Im Grunde also existieren die Dinge erst dann, wenn sie einen Namen haben. Tatsächlich hat der menschliche Name gewissermaßen die Funktion einer zweiten Schöpfung inne, denn jemanden zu taufen, heißt, ihm Existenz zu verleihen – selbst über den Tod hinaus.

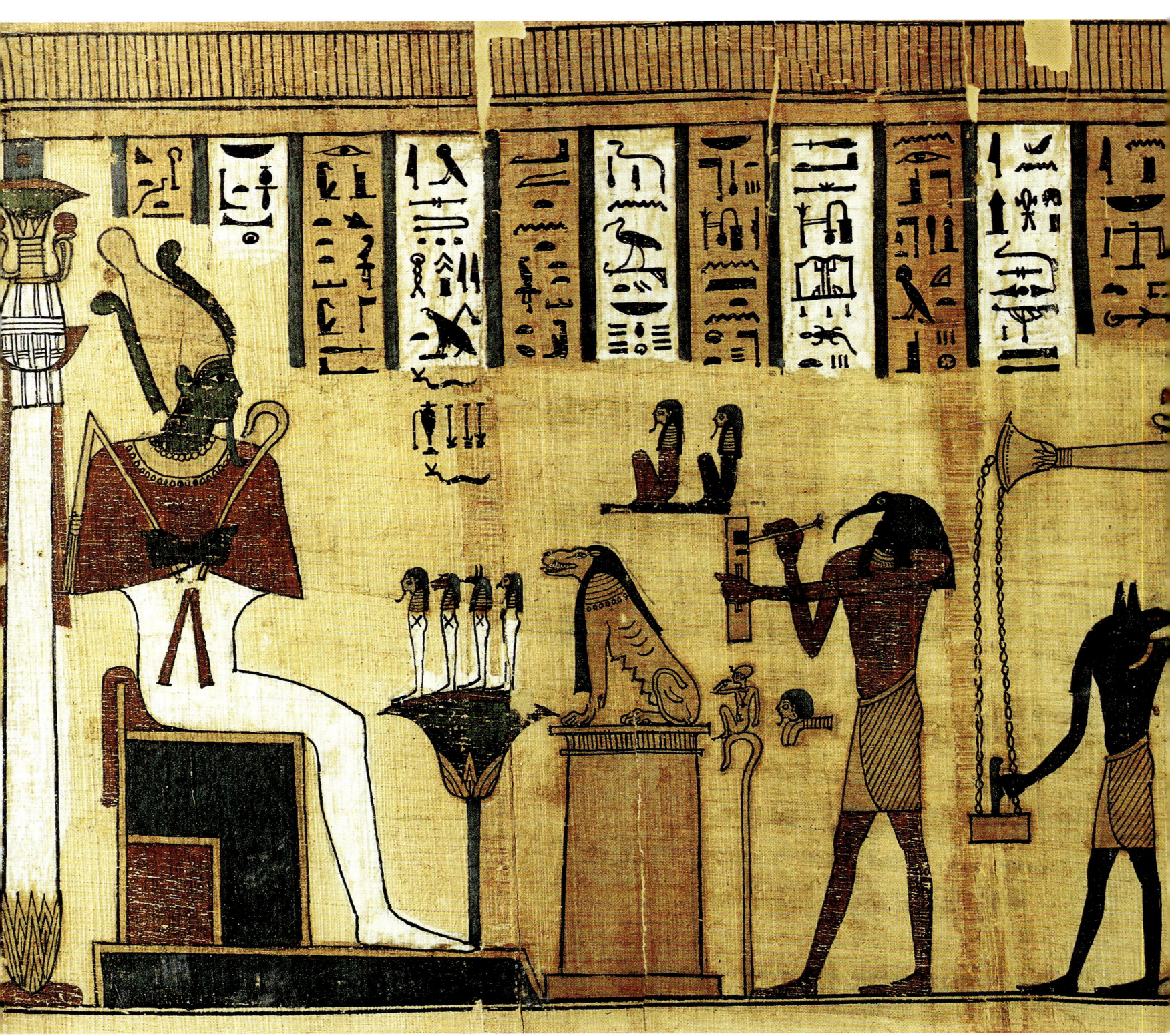

OSIRIS

DER GOTT DES JENSEITS

DIE VIER SÖHNE DES HORUS

SCHUTZGOTTHEITEN DER KANOPEN:

AMSET
HAPI
DUAMUTEF
QEBSENUF

DIE »VER-SCHLINGERIN DER SEELEN«

SIE VERSCHLINGT IM FALLE EINES NEGA-TIVEN URTEILS DIE SEELE DES VERSTORBENEN

THOT

ER HÄLT DAS URTEIL FEST

ANUBIS

DER GOTT DER EINBALSAMIERER

HORUS
ER ÜBERPRÜFT MIT
ANUBIS DAS
MESSERGEBNIS

**DER VERSTORBENE
IN BEGLEITUNG DER MAAT**
DIE GÖTTIN DER WAHRHEIT
UND GERECHTIGKEIT

**DIE 42 RICHTERGOTTHEITEN
DES SEELENGERICHTS**
SIE ASSISTIEREN OSIRIS
BEI DER URTEILSFINDUNG

Die vier Söhne des Horus

Seiten 80 / 81
**Die vier Söhne
des Horus**

Am Ende seiner Reise durch die infernalischen Gefilde der Unterwelt gelangt der Verstorbene schließlich in den Gerichtssaal, wo das Seelengericht der 42 Totengottheiten (rechts im Bild) unter dem Vorsitz des Osiris (links im Bild) tagt. Der ausschlaggebende Moment ist das Wiegen der Seele, wobei das Herz des Verstorbenen mit der Straußenfeder der Maat, Göttin der Wahrheit und Gerechtigkeit, aufgewogen wird. Der Falke Horus und der Schakal Anubis kontrollieren das Messergebnis, das von Thot, dem göttlichen Schreiber, festgehalten wird. Im Falle eines günstigen Urteils, wenn das Herz des Toten gleichviel wiegt die Feder der Maat, gelangt dieser in das Reich des Osiris und kann sich nun einer neuen Existenz erfreuen. Anderenfalls wird er von einem Fabelwesen, »der großen Leichenfresserin«, verschlungen und ist dazu verdammt, im Nun, dem Chaos, zu verschwinden. Geduldig wartet das Ungeheuer auf seinem Podest auf den Urteilsspruch des Osiris. Vor ihm befinden sich die vier Söhne des Horus, die im Jenseits über die Eingeweide des Toten wachen: Amset mit dem Menschenkopf, Hapi mit dem Paviankopf, Duamutef mit dem Schakalkopf und Qebsenuf mit dem Falkenkopf.
Epoche des Niedergangs,
Louvre

Die vier Schutzgottheiten der Kanopen

Qebsenuf (Westen)	Hapi (Norden)
Duamutef (Osten)	Amset (Süden)

Nach der Vorstellung der alten Ägypter ist jedes menschliche Wesen aus verschiedenen spirituellen und materiellen Elementen zusammengesetzt. Das spirituelle Prinzip besteht aus dem Geistkörper und der spirituellen Energie, und vor allem dem Ba und dem Ka. Ba, gewissermaßen die Seele, ist der spirituelle Teil des Individuums und verlässt den Körper nach dem Tode, um frei umherzuwandern. Er wird durch einen Vogel dargestellt und kann sich überall frei bewegen – in der Grabkammer oder auch draußen in der Welt, wo er gern die Lieblingsplätze des Verstorbenen aufsucht. Ka ist schwerer definierbar, denn es findet sich in unserer Sprache keine sinngemäße Entsprechung dafür. Es handelt sich dabei um eine Manifestation der Lebensenergie, die sowohl selbsterhaltender als auch schöpferischer Natur ist und den physischen Tod überlebt. Die materiellen Elemente schließlich sind Körper, Herz und Name. Der Name ist gewissermaßen eine sekundäre Version des Individuums; jemandem einen Namen zu geben, bedeutet, ihm eine Existenz über den Tod hinaus zu verleihen – daher die zahlreichen Wiederholungen des Namenszuges des Verstorbenen in dessen Grabkammer und Grabtempel.

Für die Ägypter ist der Tod nicht das Ende, sondern der Übergang in eine andere Form der Existenz. Dieser Übergang ist eine gefährliche Angelegenheit, denn nach dem Tode spalten sich die verschiedenen Elemente des Menschen voneinander ab, wobei jedes seine Individualität behält. Erst, wenn es gelingt, sie alle wieder zu einem Ganzen zu vereinen, ist eine neue Existenz möglich. Inzwischen muss jedoch der zerbrechlichste Bestandteil dieses Ensembles erhalten werden: der Körper. Ihn zu verlieren, hieße, jede Chance auf ein Weiterleben nach dem Tode aufgeben zu müssen – aus dieser Notwendigkeit erklärt sich der Brauch der Mumifizierung. Dank **Herodot** sind uns die Einzelheiten dieser Prozedur bekannt: »*Zunächst entfernten sie das Hirn mit einem Eisenhaken durch die Nasenlöcher. Doch entnahmen sie nur einen Teil davon; der Rest wurde mit Hilfe* von gewissen Chemikalien aufgelöst. Anschließend machten sie mit einem äthiopischen Steinmesser einen Einschnitt in die Seite und entnahmen dem Körper die Eingeweide.*« Die Eingeweide des Toten wirft man fort; lediglich vier davon werden einer besonderen Behandlung unterzogen: Diese werden einbalsamiert und in besonderen Urnen, den so genannten Kanopen, aufbewahrt. Die einbalsamierten Eingeweide befinden sich unter dem Schutz von vier Göttinnen sowie den **vier Söhnen des Horus**. Diese Schutzgeister, die als Söhne des Falkengottes gelten, garantieren schon zu Lebzeiten das Funktionieren von Leber, Lungen, Magen und Darm. So ist es nur natürlich, dass sie auch im Jenseits für diese Elemente verantwortlich sind. Die **vier Söhne des Horus** sind ebenfalls die »Herren der vier Himmelsrichtungen«; daher muss bei der Bestattung jedes Organ gemäß der Himmelsrichtung des entsprechenden Schutzgeistes ausgerichtet werden. So werden die Kanopen nach sehr strengen Richtlinien platziert: **Amset**, der menschenköpfige Geist des Südens, wacht mit **Isis** über die Leber; **Hapi**, der pavianköpfige Geist des Nordens, wacht mit **Nephthys** über die Lungen; **Duamutef**, der schakalköpfige Geist des Ostens, wacht mit **Neith** über den Magen; und **Qebsenuf**, der falkenköpfige Geist des Westens, wacht mit **Selket** über den Darm.

Nach der Entnahme der Eingeweide, erklärt **Herodot** weiter, »*taten sie in die so gereinigte Bauchhöhle Palmwein und pulverisierte Gewürze; dann füllten sie den Bauch mit reiner gemahlener Myrrhe, Zimt und allen möglichen anderen Gewürzen, mit Ausnahme von Weihrauch; dann nähten sie ihn wieder zu.*« Nun waren nur noch Haut, Knochen und Knorpel übrig, die getrocknet werden mussten, um den Verfall zu unterbinden. »*Sie imprägnierten die Leiche, indem sie sie 70 Tage lang mit Natronsalz bedeckten; diese Frist durfte nicht überschritten werden. Nachdem die 70 Tage vorüber waren, wuschen sie den Körper und umhüllten ihn dann vollständig mit Binden aus feinem Leinen, das mit jenem Gummi getränkt war, dessen sich die Ägypter im Allgemeinen als Klebstoff bedienten.*«

Diese Leinenbinden sind zuweilen mehrere hundert Meter lang, denn jedes Körperglied wird zunächst separat umwickelt, bevor der gesamte Körper seine letzte Schicht von Bandagen erhält. Nach der Bandagierung befestigt der Priester an der Seite, an der die Eingeweide entnommen worden waren, eine kleine Plakette, die bei hochgestellten Persönlichkeiten gewöhnlich aus Edelmetall besteht: die so genannte »Entleibungsplakette«, auf der sich als Zeichen des Schutzes und der Erhaltung die Abbildung der **vier Söhne des Horus** befinden.

Re

Re

Schöpfergott von Heliopolis, Verkörperung der Sonne am Zenit

Erscheint in der Kombination mit verschiedenen Gottheiten: Re-Atum, Amun-Re, Re-Harachte, Sobek-Re, Chnum-Re ...

Haupt-Kultort: Heliopolis (Unterägypten)

Verkörperung: Mann, manchmal mit Falkenkopf, der mit der Sonnenscheibe gekrönt ist

Re ist der Sonnengott par excellence, der unter diesem Namen besonders in **Heliopolis** verehrt wird. Im großen Mythos von **Heliopolis** ist er der Schöpfer der neun Urgötter: *Schu* und *Tefnut*, *Geb* und *Nut*, *Osiris*, *Horus der Alte*, *Seth*, *Isis* und *Nephthys*. Er spielt im ägyptischen Pantheon eine so wichtige Rolle, dass sich die Könige ab der Regierungszeit des *Chephren* in der 4. Dynastie einen 5. Königstitel, den Namen des Sohnes des Re, zulegten. Im Laufe der Jahrhunderte und der religiösen Metamorphosen wird *Re* mit mehreren Gottheiten in Verbindung gebracht, die zur Entwicklung ihres persönlichen Kultes auf das Prestige des Sonnengottes angewiesen waren: Dies gilt besonders für *Amun*, *Sobek* oder *Chnum*, die so zu *Amun-Re, Sobek-Re* oder *Chnum-Re* wurden. Eine große Anzahl von Mythen beschreibt die tägliche Reise des *Re* über den Himmel. Am frühen Morgen erhebt er sich im Osten und begibt sich mit seinem Gefolge in die »Tagesbarke«, in der er seine zwölf Stunden lange Reise gen Westen zurücklegt. Dort tauscht er die »Tagesbarke« gegen die »Nachtbarke« ein, um seine ebenfalls zwölf Stunden dauernde nächtliche Fahrt anzutreten. Während die Erde in Dunkelheit getaucht ist, erhellt *Re* die dunklen Regionen des Jenseits, um bei Anbruch der Morgendämmerung erneut über den Tageshimmel zu reisen. Im Laufe dieser Fahrt erscheint *Re* je nach Tagesphase unter verschiedenen Namen: bei Sonnenaufgang ist er *Chepre*, *Re* am Zenit und *Atum* in der Abenddämmerung.

Es gibt zahlreiche Legenden, in denen von seiner Zeit auf der Erde als König über Götter und Menschen, sein Altwerden und seine Rückkehr in die Regionen des Himmels berichtet wird. Das »Buch der himmlischen Kuh« erzählt von den letzten Jahren seiner irdischen Regierung und seiner Reise in den Himmel. Versionen davon befinden sich in mehreren Grabstätten im Tal der Könige, besonders in denen von *Sethos I., Ramses II.*

und *Ramses III.* Im Vergleich zum traditionellen Schöpfungsmythos von **Heliopolis** wird die Entstehung der Welt hier jedoch etwas anders beschrieben, auch wenn dieselben Götter in denselben Funktionen auftauchen.

Die Erzählung beginnt zu der Zeit, als *Re*, der Herr der Welt, noch auf Erden über Götter und Menschen herrscht und alles seinen geordneten Gang zu gehen scheint. Doch ist *Re* nicht mehr der Alte, denn sein Körper hat sich allmählich verändert: Seine Knochen bestehen nun aus Silber, seine Gliedmaßen aus Gold und seine Haare aus Lapislazuli. Er ist ganz einfach gealtert, und dies ist zweifellos der Grund, warum man sich bald zu einer Revolte gegen ihn zusammen schließt. Da *Re* seinerseits vor den Geschehnissen gewarnt worden ist, ruft er unter strengster Geheimhaltung den Rat der Götter zusammen. An dieser Beratung nehmen *Schu* und *Tefnut*, *Geb* und *Nut* sowie *Nun*, der Urozean, teil. *Re* erwartet von ihnen, dass sie ihn beraten: »*Seht, die Menschen, die meinem Auge entsprangen, verschwören sich gegen mich; sagt mir, was ihr dagegen tun würdet.*« *Nun* schlägt ihm vor, sein Auge auf die Menschheit loszulassen. Die anderen Götter sind einverstanden, denn, so sagen sie, »*dieses Auge hat nicht seinesgleichen*«, um damit Verschwörer in die Schranken zu weisen. Es wird beschlossen, das Auge des *Re* in der Verkörperung der *Hathor* auf die Erde zu schicken. So verwandelt sich *Hathor* in eine blutrünstige Göttin und macht sich auf in die Wüste, wo sich die Menschen versteckt halten, um unter ihnen Terror zu verbreiten. Doch sie schießt ein wenig über ihr Ziel hinaus und verursacht ein solches Blutbad, dass sie den größten Teil der Menschheit ausrottet. Stolz auf ihre Tat, kehrt sie zum Herrn des Universums zurück, der ihr auch großes Lob ausspricht, denn er ist der Meinung, dass sich die Menschheit, nun da sie weniger zahlreich ist, besser regieren ließe.

Doch ist es nur allzu offensichtlich, dass *Hathor* ihre Strafmission außerordentlich genossen hat, und *Re* möchte trotz allem die Menschheit nicht vollständig ausrotten. So sinnt er darüber nach, wie er den Blutdurst der Göttin stillen könnte. Er schickt Boten nach Elephantine, um ihm »*große Mengen an Didi*« zu bringen. Dieses »Didi« scheint eine Art roter Ocker zu sein; in jedem Fall ist es eine Substanz, die rot färbt. In der Zwischenzeit hat *Re* von seinen Bediensteten große Mengen Bier brauen lassen. Mit dem geheimnisvollen »Didi« vermischt, sieht das Bier nun aus wie Menschenblut. Vor den neugierigen Augen des göttlichen Rates wird diese Flüssigkeit in 7000 Krüge abgefüllt, die am Ort des nächsten Massakers ausgegossen werden sollen.

84

Wie erwartet erscheint *Hathor* in der Morgendämmerung, um die noch übrigen Menschen zu vernichten. Sie sieht sich einer überraschenden Szene gegenüber: Bis zum Horizont ist der Erdboden getränkt mit dem Scharlachbier, dass sie für Blut hält. Sie kann der Versuchung nicht widerstehen, immer wieder davon zu trinken; bald ist sie völlig berauscht und unfähig, die Menschen zu erkennen und sie zu töten. Dies sei, so sagt man, der Grund dafür, dass die Menschheit nicht völlig ausgerottet wurde. Doch *Re* fühlt sich alt und müde. Es interessiert ihn nicht mehr, unter den Menschen zu wohnen. So ruft er zum zweiten Mal den Rat der Götter zusammen, um ihnen seinen Zustand zu erklären. Es ist wieder *Nun*, der Urozean, der ihm eine Lösung anbietet: Er bittet *Nut*, sich in eine Kuh zu verwandeln und den Sonnengott auf ihrem Rücken in den Himmel zu tragen. Am frühen Morgen macht sich *Re* auf den Weg und stellt beim Überblicken seiner Schöpfung fest, dass die Menschheit, nun mit Pfeil und Bogen bewaffnet, dabei ist, sich gegenseitig umzubringen. Angewidert bittet er *Nut*, ihn von dieser grausamen Welt wegzubringen: »*Hebe mich hinauf*«, bittet er. So trägt die Kuh ihn in die himmlischen Gefilde hinauf und wird selbst zur Himmelsgöttin. Endlich scheint *Re* zufrieden: Von hier aus kann er alles sehen, was sich auf der Erde zuträgt. *Nut* hingegen ist weniger begeistert: Sie leidet unter Höhenangst. Um dieses Problem zu lösen, erschafft *Re* acht Schutzgeister, die jeweils zu zweit die vier Beine der himmlischen Kuh stützen. Später bittet er *Schu*, den Gott der Luft und des Raumes, sich auf alle Viere niederzulassen und *Nut* auf seinem Rücken zu tragen.

Satet

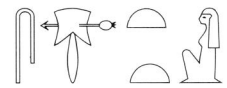

Satet	
In der Triade mit dem Gott Chnum und der Kindgöttin Anukis verbunden	
Schutzherrin der Nilquellen und des Katarakts	
Haupt-Kultort: Elephantine (Oberägypten)	
Verkörperung: Frauengestalt mit der Krone von Oberägypten, flankiert von zwei Antilopenhörnern	

Satet, »die von der Insel Sehel«, wird sowohl in **Elephantine** als auch auf den umliegenden Inseln verehrt. Sie ist in der Triade mit dem Töpfergott *Chnum* und der *Anukis* verbunden. Diese Assoziation ist allerdings eine spätere Entwicklung. Anfangs ist *Satet* das Zentrum eines eigenen Kultes, in dem sie allein die Rolle der Schutzherrin des Katarakts spielt. Es geschieht vermutlich während des Neuen Reiches, dass man sie mit dem Gott *Chnum* in Verbindung bringt; beide Gottheiten, sonst separat verehrt, stehen nun in **Elephantine** im Zentrum eines gemeinsamen Kultes. Noch viel später erscheint die kleine *Anukis* auf der Bildfläche, die nun mit dem göttlichen Paar eine Triade bildet. Nach und nach beginnen sich um die Gruppe Legenden zu formen, die sich der Erklärung des Phänomens der jährlichen Nilflut widmen.

In einer unterirdischen Grotte nahe des ersten Katarakts, so sagt man, lebe eine göttliche Familie: *Chnum, Satet* und *Anukis*. Jedes Jahr gehen die drei an ihre Reserven und geben genug fruchtbaren Schwemmsand frei, den die alljährliche Nilflut auf dem Ackerland entlang des Flusses verteilt. Diese Reserven werden von *Hapi*, dem Schutzgeist des Nil, verkörpert. Der hohe Status dieser Götter innerhalb des ägyptischen Pantheon erklärt sich durch ihre essenzielle Rolle bei der Gewährleistung der jährlichen Nilflut. So pilgern kurz vor der erwarteten Überschwemmung die Bauern aus ganz Ägypten nach **Elephantine**, um die göttliche Triade um eine ausreichende Flut anzuflehen. Es ist daher ganz natürlich, dass sich *Satet* allmählich zu einer Göttin der Fruchtbarkeit und des Überflusses entwickelt. Darüber hinaus befindet sich ihr Tempel an einer strategisch überaus günstigen Stelle, die in direktem Zusammenhang mit ihrer ehrenwerten Funktion steht: An dieser Stelle macht sich der ansteigende Wasserspiegel der gerade einsetzenden, sehnlich erwarteten lebensbringenden Nilflut zuerst bemerkbar. Auch ihre Ikonographie reflektiert ihre Mission. Aus uns heute unerklärlichen Gründen sahen die Ägypter seit jeher eine symbolische Verbindung zwischen Wasser und Antilopen. Aus diesem Grunde trägt *Satet* die weiße Krone Oberägyptens, die von zwei Antilopenhörnern flankiert ist.

Abgesehen von ihrer mit der Nilflut in Verbindung stehenden Funktion ist *Satet* außerdem die Schutzpatronin des ersten Katarakts und der südlichen Landesgrenze. In den Granitsteinbrüchen von **Elephantine** weisen zahllose, von den Steinmetzen hinterlassene Inschriften mit ihrem Namen auf ihre Rolle als Schutzherrin dieses Ortes hin. Sie treibt die Feinde Ägyptens entlang der nubischen Grenze mit ihren Pfeilen in die Flucht. Doch beschränkt sich ihre Macht nicht nur auf die Welt der Lebenden: Auch im Totenreich hat sie ihre Aufgaben. In den »Pyramidentexten« finden sich wiederholt Hinweise darauf, dass *Satet* sich speziell mit der Purifikation des Körpers der Verstorbenen befasste.

Re und die Feder der Maat

Diese kleine Kupferapplikation zeigt Re, den Sonnengott von Heliopolis, mit einer Straußenfeder, dem Symbol der Göttin Maat, in den Händen. Diese Göttin hat verschiedene fundamentale Funktionen: Sie repräsentiert die Weltordnung, die Gerechtigkeit, die Wahrheit sowie die Harmonie, geschaffen von den Göttern und gewollt von den Menschen; durch Assoziation steht sie auch für das Leben selbst. Man findet die beiden Gottheiten oft zusammen dargestellt, denn Re hat das Leben erschaffen, und Maat erhält es. Leider ist die Welt täglich den Angriffen feindlicher Mächte und kosmischer Widersacher ausgesetzt, deren einziges Ziel es ist, das Weltgleichgewicht ins Schwanken zu bringen. So befindet sich die Ordnung im ewigen Kampf mit dem Chaos. Dies ist die Domäne der Uräus-Schlange, die sich hier schützend vor Re und Maat erhebt: Sie ist das Auge des Re, das die Feinde der Sonne vernichtet.
Neues Reich,
Louvre

Seit dem Neuen Reich wird die Göttin Sechmet gern an der Seite des Gottes Ptah abgebildet, mit dem sie nun ein göttliches Paar bildet. Als Inkarnation des »zornigen Auges des Re« und mit dem Auftrag, alle feindlichen Mächte an die Grenzen des Universums zurückzutreiben, erscheint sie als Löwin, gekrönt mit der Sonnenscheibe und der Uräus-Schlange. Vor ihr thront Ptah, den Körper in eine Mumienhülle gezwängt, mit dem falschen Bart des Königs und einer enganliegenden blauen Kappe auf dem Kopf. Beide halten das göttliche Symbol par excellence: Ankh, das Kreuz des Lebens. Auf Zepter und Thron des Ptah wiederholen sich ebenfalls drei typische Embleme der Göttlichkeit: das Ankh-Symbol, das Uas-Zepter der Divinität sowie der Djed-Pfeiler, Symbol der Stabilität und Dauer.
Tempel Sethos' I.,
Neues Reich,
Abydos, Oberägypten

Sechmet

Sechmet

In der Triade mit dem Gott Ptah und dem Kindgott Nefertem verbunden

Repräsentation des Auges der Sonne und der gefährlichen Mächte: ihre Aufgabe ist die Vernichtung der Feinde der Sonne

Haupt-Kultort: Memphis (Unterägypten)

Verkörperung: Frau mit Löwenkopf

Innerhalb des ägyptischen Pantheon gibt es eine Reihe von Göttinnen, deren Charakterbild gewisse destruktive Aspekte der *Sechmet* aufweist. Man nennt diese »die gefährlichen Göttinnen«; sie sind allesamt Symbole einer speziellen Form der Sonnenkraft. Mit dem Beinamen »die Mächtige« ist *Sechmet* jene Göttin, die die volle Kraft der Sonnenstrahlung personifiziert. Sie ist das flammende Auge des Himmelsgestirns, »*das zornige Auge des Re*«. Ihre Aufgabe ist es, die Feinde der Sonne zu vernichten und zu verhindern, dass die Mächte des Chaos sich manifestieren. Sie erscheint als angriffslustige Löwin oder als löwenköpfige Frau, die gerne in den Wüstengebieten herumstreift. Dennoch ist sie eine der ambivalentesten Charaktere der Götterwelt: Zwar verkörpert sie die zerstörerische Kraft der aggressiven Löwin, doch wird sie, beruhigt und beschwichtigt, zur Katze mit den Charakterzügen der Göttin *Bastet*.

Angesichts ihres jähzornigen Temperaments ist *Sechmet* diejenige Göttin, mit der man sich vor allen anderen gut zu stellen wissen muss – besonders während der fünf letzten Tage des Jahres, den so genannten Epagomenen. An diesen wirft sie ihre Ketten ab, und das Volk, voller Angst, dass sich der Jahreszyklus dieses Mal nicht erneuern könnte, macht ihr Geschenke und singt ihr Hymnen und Lobgesänge, um sie zu beschwichtigen. Denn während dieser Zeit ist sich selbst der Schöpfergott in ihrer Nähe seines Lebens nicht sicher. Doch zur Ehrenrettung ihrer vielleicht ein wenig allzu furchtsam wirkenden Anbeter sei erwähnt, dass die Göttin zudem noch von einer Garde von Furcht erregenden und blutrünstigen Kobolden begleitet wird. Es sind untergeordnete Geister, die darauf gedrillt sind, ihrer Herrin sklavisch zu folgen und sie unter allen Umständen zu verteidigen. Sie stehen mit dem rachsüchtigen Aspekt des Sonnenauges in engster Verbindung; man sagt sogar, sie seien diesem direkt entsprungen. *Sechmet* macht sie sich dienstbar, um gegenüber Menschen wie Göttern ihren Willen durchzusetzen. Sie sind mit Spießen, Pfeilen und Messern bewaffnet und werfen sich blind auf alles, was ihre Herrin ihnen zu zerstören oder zu vernichten befiehlt. Niemand kann ihren schnellen und präzisen Angriffen entkommen. Im Auftrag der Göttin verbreiten sie Krieg, Pestilenz, Krankheit und Tod. Doch obwohl *Sechmet* sich darauf versteht, Unheil zu verbreiten, so kann auch sie allein für alles eine Lösung finden: Daher hat sie zugleich die Wesenszüge der friedfertigen und heilkräftigen Göttinnen wie z. B. der *Mut*, und sie ist die Schutzpatronin der Vereinigungen von Ärzten und Tiermedizinern.

Ihr Hauptheiligtum befindet sich in **Memphis**, in Unterägypten, wo man sie zusammen mit *Ptah*, dem Schöpfergott dieser Stadt, und *Nefertem*, dem jungen Gott des Lotos, verehrt. Diese Gruppierung ist eine späte Entwicklung, denn in älterer Zeit standen alle im Mittelpunkt ihres eigenen spezifischen Kultes. Mit der Zeit jedoch verehrt man sie zunächst als Paar, dann als Triade, so dass sich *Nefertem* schließlich zum Kindgott von **Memphis** entwickelt.

DIE GÖTTLICHEN TRIADEN

Die Triaden sind Dreiergruppierungen von Göttern einer bestimmten Stadt nach einer traditionellen Familienstruktur: Gott, Göttin und Sohngott oder Tochtergöttin. Aller Wahrscheinlichkeit nach entstanden diese Triaden im Neuen Reich; man nimmt an, dass die betreffenden Gottheiten davor alle im Mittelpunkt eines eigenen Kultes standen. Die Bildung einer Triade entspringt dem Wunsch der Priesterschaft eines Ortes, alle dortigen Kulte zu einem homogenen Ganzen zu verbinden. Tatsächlich aber haben sich nur in den großen Religionszentren göttliche Familien gebildet. Die berühmtesten Triaden sind die von **Memphis**, **Theben**, **Elephantine**, **Edfu** und **Abydos**.

STADT	MEMPHIS	THEBEN	ELEPHANTINE	EDFU	ABYDOS
GOTT	*PTAH*	*AMUN*	*CHNUM*	*HORUS*	*OSIRIS*
GÖTTIN	*SECHMET*	*MUT*	*SATET*	*HATHOR*	*ISIS*
TOCHTER / SOHN	*NEFERTEM*	*CHONS*	*ANUKIS*	*HARSOMTUS*	*HORUS*

Selket

Selket

Skorpiongöttin

Gottheit mit magischen Heilkräften, schützt gegen
Stiche und Bisse von giftigen Tieren; Schutzgottheit
der Verstorbenen

Verkörperung: Skorpion mit Frauenkopf, Frau mit
Skorpionkopf oder Skorpion

In Ägypten gibt es eine Menge Kulte, die sich um gefürchtete Tiere ranken. So gibt es z. B. den der Flusspferdgöttin *Thoeris*, den des Krokodilgottes *Sobek* und den Kult der durch einen Skorpion verkörperten Göttin *Selket*. Sie ist Teil einer Gruppe von zauber- und heilkräftigen Schutzgöttinnen, die von *Isis* angeführt wird. *Selket* hat eine Doppelfunktion inne: In der Welt der Lebenden schützt sie vor Giftbissen, und im Jenseits wacht sie über die Verstorbenen; genauer gesagt, ist sie zusammen mit *Isis*, *Nephthys* und *Neith* eine Schutzgottheit der vier Kanopen mit den Eingeweiden des Toten.

DAS ÄGYPTISCHE BESTIARIUM

ANTILOPE	SATET	Schutzgottheit der Nilquellen
FABELTIER	SETH	Ambivalente Gottheit; Verkörperung der Unruhe, jedoch Verteidiger der Sonnenbarke
FALKE	HAROERIS	»Horus der Alte«, Verteidiger des Sonnengottes
	HARACHTE	Sonnengott im Aspekt der Sonne am Zenit
	HORUS	Himmelsgott und Schutzpatron der Königswürde
	MONTH	Kriegsgott der Region von Theben
	QEBSENUF	Schutzgeist der Kanopen und des Westens
	SOKAR	Schutzpatron der Handwerker und Totengott von Memphis
FLUSSPFERD	THOERIS	Schutzgottheit des Heimes
FROSCH	HEQET	Assistentin des Chnum bei königlichen Geburten
GAZELLE	ANUKIS	Schutzherrin der Nilquellen
GEIER	MUT	Gattin des Amun, manchmal mit Sechmet assimiliert
	NECHBET	Schutzpatronin von Oberägypten
IBIS	THOT	Gott der Schrift, Schutzpatron der Schreiber und göttlicher Schreiber
KATZE	BASTET	Tochter des Re mit friedfertigen Charakterzügen
LÖWE	SCHU	Gott des Raumes, des Lebens und des Lebensatems
LÖWIN	SECHMET	Verkörperung des Sonnenauges und der gefährlichen Mächte
	TEFNUT	Tochter des Re, Sinnbild der Hitze und der kosmischen Ordnung
KOBRA	WADJET	Schutzpatronin von Unterägypten
KROKODIL	SOBEK	Herr der Wasser und Schöpfergott in Crokodilopolis
KUH	HATHOR	Tochter der Sonne mit universellen und multiplen Funktionen
	NUT	Himmelsgöttin
PAVIAN	HAPI	Schutzgeist der Kanopen und des Nordens
	THOT	Gott der Schrift, Schutzpatron der Schreiber und göttlicher Schreiber
SCHAKAL	ANUBIS	Gott der Einbalsamierung
	DUAMUTEF	Schutzgeist der Kanopen und des Ostens
SCHLANGE	APOPHIS	Der kosmische Widersacher; die destruktive Kraft
SKARABÄUS	CHEPRE	Schöpfergott von Heliopolis im Aspekt der aufgehenden Sonne
SKORPION	SELKET	Heil- und zauberkräftige Göttin
SPHINX	HARMACHIS	»Horus am Horizont«, eine Form des Sonnengottes
	HURUN	Kanaanitischer Gott, assimiliert mit Harmachis
STIER	APIS	Heiliger Stier von Memphis
WIDDER	AMUN	Reichsgott ab dem Mittleren Reich
	CHNUM	Schöpfergott von Esna und Schutzherr der Nilquellen
	RE	Sonnen- und Schöpfergott von Heliopolis

Selket wacht zusammen mit **Qebsenuf**, dem Schutzgeist des Westens, über den Darm. In der »Osirislegende« ist sie eine der Kinderfrauen des kleinen **Horus**, den seine Mutter in den Niederungen des Nildeltas vor den Nachstellungen des **Seth** verstecken musste. Dennoch kann sie es nicht verhindern, dass das Kind hinter ihrem Rücken von einem ihrer Artgenossen gebissen wird. Dank der Zauberkräfte von **Isis** und **Thot**, dem Gott der Wissenschaften, gelingt es jedoch, den jungen Gott von dem Giftbiss zu heilen.

Hinter dem so Furcht erregenden Aussehen der **Selket** verbirgt sich in Wahrheit ein freundlicher Charakter. Die Priester ihres Kultes gelten sowohl als mächtige Zauberer wie auch als Mediziner, was in der ägyptischen Kultur keinen Widerspruch darstellt. Die besondere Spezialität dieser Ärzte war die Behandlung aller Arten von Stichen und Bissen durch giftige Insekten und natürlich durch Skorpione: Sie wissen sowohl um die Heilmittel, die im Falle einer Verletzung unmittelbar anzuwenden sind, als auch um Präventivmaßnahmen vor eventuellen Folgeerkrankungen. Meistens erscheint **Selket** als Skorpion mit einem Frauenkopf, eine Frau mit einem Skorpionkopf oder auch nur als Skorpion. Auch ihr Hieroglyphenzeichen ist ein einzelner Skorpion. In manchen Schriften wird das Tier ohne Kopf und Giftstachel dargestellt; eine häufig angewendete Technik, um die in den Zeichen inhärente magische Kraft zu brechen, denn man muss dazu wissen, dass die Zeichen und Darstellungen in den Grabkammern durch bestimmte Zauberformeln zum Leben erweckt werden können. Damit der Skorpion in so einem Falle niemals Schaden anrichten kann, muss man ihm seinen Giftstachel ziehen.

Selket, der Skorpion

Auf den ersten Blick mag Selket durch ihre Verbindung mit dem Skorpion negativ erscheinen, in Wirklichkeit aber hilft die Zauberkraft der Göttin bei Bissen und Stichen von giftigen Tieren. Oft erscheint Selket als Frau mit einem Skorpion auf dem Kopf. Wenn jedoch besonderes Gewicht auf ihre Funktion als Heilerin gelegt wird, wird die Skorpionnatur der Göttin besonders betont. Selket trägt hier die Krone der Hathor: Die Sonnenscheibe wird flankiert von zwei Kuhhörnern.

Epoche des Niedergangs, Louvre

Serapis

Serapis

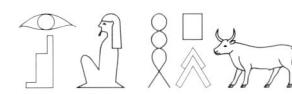

Serapis
Ungefähre Schreibung:

In der Triade mit der Göttin Isis und dem Gott Harpokrates verbunden

Gott des Ackerbaus und der Toten; Heiler; Schutzherr der Ptolemäerdynastie und der Stadt Alexandria

Haupt-Kultort: Alexandria (Unterägypten)

Verkörperung: bärtiger Mann mit langem Haar, nach griechischer Mode gekleidet und mit einem Kalathos (Getreidemaß) gekrönt

Eine von **Plutarch** berichtete Legende rechtfertigt das Erscheinen des *Serapis* in Ägypten. Darin wird erzählt, wie *Ptolemaios I.* im Traum die Kolossalstatue eines Gottes aus **Sinope**, einer Stadt am Schwarzen Meer, erschien. Diese mysteriöse Gottheit bat ihn, ihr Bildnis nach Alexandria zu bringen, was auch geschah. Nach ihrer Ankunft wurde die Statue von den Priestern und Gelehrten als ein Bildnis des *Pluto* identifiziert. Man gab ihm den Namen *Serapis*, der »*bei den Ägyptern dem Namen des Pluto, des griechischen Gottes der Hölle, entspricht*«.

Vor allem muss man dazu verstehen, dass *Serapis* kein Import ist, sondern eine echte Neuschöpfung. Es hat ihn vor seiner Ankunft in Ägypten nie gegeben: Er wurde in Alexandria von den Ptolemäern aus politischen Gründen geschaffen. Die Ikonographie des *Serapis* erinnert an seine Vorväter: Er ist völlig von der Erscheinung des *Zeus* inspiriert; nur einige wenige Details weisen auf ägyptische Traditionen hin. *Serapis* sitzt, in ein langes griechisches Gewand gehüllt, majestätisch auf seinem Thron, die Füße stecken in Sandalen. Sein langhaariges, bärtiges Haupt ist mit dem Kalathos (die griechische Bezeichnung für ein Getreidemaß) oder mit der Atef-Krone des *Osiris* geschmückt. Manchmal hält er ein Zepter oder ein Füllhorn, und zuweilen wird er von seinem Sohn *Harpokrates* oder dem Hund *Zerberus* begleitet. Doch wie sich auch immer seine Darstellung gestalten mag, er tritt immer als griechischer Gott auf.

Die Experten zerbrechen sich den Kopf darüber, wer dieser *Serapis* eigentlich ist. Zunächst einmal muss man sich klarmachen, dass er zu einem Zeitpunkt auftaucht, an dem das Land bereits von Gottheiten aller Art dicht übersät ist. Um die Ägypter überhaupt für ihn begeistern zu können, muss er daher so einzigartig sein, dass er mit keiner anderen bereits existierenden Gottheit seiner Umgebung in Konflikt gerät. Es ist wiederum **Plutarch**, der uns über seine wahre Natur aufklärt: »*Die Priester sagen, dass sich in ihm Osiris und Apis zu einer einzigen Person vermählen.*« Tatsächlich ist der ägyptische Name des *Serapis* »Osor-Hapi«, eine Kombination der Namen des *Osiris* und des *Apis*. *Serapis* wirkt auf verschiedenen Ebenen: Zuallererst ist er ein Totengott. Zuvor hatte Ägypten schon seit langer Zeit seine Toten dem *Osiris* überantwortet, und so erscheint *Serapis* in dieser Funktion nur als griechisches Double dieses Gottes. Füllhorn und Kalathos wiederum weisen ihn als Gottheit der Fruchtbarkeit und der Landwirtschaft aus; auch dies ist ein im ägyptischen Pantheon bereits gut vertretenes Thema. *Serapis* hingegen verhilft dem Orakel zu Popularität: Er sagt den Bauern das Ausmaß ihrer Ernte voraus und berät sie in Fragen des Ackerbaus. Schließlich – und das ist seine eigentliche Stärke – ist *Serapis* ein Heiler. In Ägypten gibt es keinen Gott, dem diese Funktion vornehmlich zugeteilt ist; das Attribut des Heilers ist vielmehr eines von mehreren Charakteristika verschiedener Gottheiten. *Serapis* hingegen wird nun zum unbestrittenen Herrn dieses Metiers, und man erzählt sich, dass er in seinem Heiligtum in **Canope**, ein paar Kilometer von **Alexandria** entfernt, wahre Wunder vollbringt. Zu guter Letzt ist *Serapis* der Schutzpatron der Ptolemäerdynastie und der Stadt **Alexandria**. Er ist dort mit der ebenfalls äußerst populären Göttin *Isis* und dem jungen Gott *Harpokrates* verbunden: die göttliche Triade als Garant der Stabilität der Dynastie.

ENTSPRECHUNGEN DER ÄGYPTISCHEN UND GRIECHISCHEN MYTHOLOGIEN
(NACH PLUTARCH UND HERODOT)

AMUN	ZEUS	*ISIS*	DEMETER	*WADJET*	LETO
BASTET	ARTEMIS	*CHONS*	HERAKLES	*PTAH*	HEPHAISTOS
MENDES	PAN	*MIN*	PERSEUS	*SERAPIS*	PLUTO
HATHOR	APHRODITE	*NEITH*	ATHENA	*SETH*	TYPHON
HORUS	APOLLO	*OSIRIS*	DIONYSOS	*THOT*	HERMES

Seschat

Seschat

Erste Assistentin, zuweilen auch Gattin Thots, des Gottes der Schriftkunst

Schutzherrin der Schreiber und Gelehrten; Göttin der Wissenschaften und der Mathematik; Herrin der königlichen Archive

Verkörperung: Frauenfigur mit einem Kopfschmuck, bestehend aus einer Rosette mit sieben Zweigen, über der sich ein umgekehrter Bogen befindet

Die verschiedenen Funktionen der Göttin *Seschat* stehen alle mit ihrer Rolle als Archivarin, Wissenschaftlerin und Mathematikerin im Zusammenhang. Ihr Name bedeutet »die Schreiberin«; sie weiß den Pinsel und den Griffel mit solcher Kunstfertigkeit zu führen, dass sie sich bald zur Lieblingsassistentin **Thots**, des Gottes der Schriftkunst, entwickelt; manchen Überlieferungen zufolge ist sie sogar dessen Gattin. An seiner Seite fungiert sie als Schutzherrin der Schreiber und der Gelehrten: Ihr sind besonders jene königlichen Institute unterstellt, an denen die jungen Schüler zu Schreibern ausgebildet werden.

Sie erscheint stets als junge Frau, zuweilen in ein Leopardenfell gehüllt, und immer mit einem Kopfputz geschmückt, dessen Symbolik uns heute unklar ist. Es handelt sich dabei um eine siebenarmige Rosette, über der ein umgekehrter Bogen schwebt. In manchen Texten wird dieses Symbol allein verwendet, um sie zu beschreiben. Nach **Horapollo**, einem Schriftsteller, über den uns wenig bekannt ist und der gegen Ende der römischen Epoche ein Traktat über die Hieroglyphenschrift verfasst hat, steht dieses Zeichen mit dem Schicksal in Verbindung. Es ist nämlich *Seschat*, die dem Pharao anlässlich seines Jubiläums noch lange Regierungsjahre und viele weitere Jubiläen voraussagt. Dieses Ritual, genannt Heb-Sed oder Sed-Fest, dient dazu, die körperlichen und geistigen Kräfte des Königs magisch wiederaufzufrischen. Zu diesem Anlass begibt sich der Pharao zu den größten Heiligtümern Ober- und Unterägyptens, um dort spezielle, der Regeneration seiner Kraft, Macht und Stärke gewidmete Riten zu vollziehen: Bogenschießen, Wettlaufen, Jagdpartien und Prüfungen aller Art sollen beweisen, dass er noch immer im Besitz seiner alten Kraft ist. Im Prinzip sollte so ein Jubiläum nach dreißig Regierungsjahren stattfinden. Doch manchen Indizien zufolge muss es in wesentlich kürzeren Intervallen stattgefunden haben, denn einige Pharaonen haben während ihrer Regierungszeit derer mehrere gefeiert. Sich von der Göttin *Seschat* viele Jubiläen voraussagen zu lassen, muss daher als günstiges Zeichen gewertet werden. *Seschat* ist es auch, die sich um die königlichen Annalen kümmert. Anlässlich der Krönung weist sie zusammen mit ihrem Gatten **Thot** dem Pharao seine fünf Königstitel zu. Sie hält methodisch alle wichtigen Fakten und Ereignisse jeder Regierungsperiode fest, um die »Königlichen Listen« auf den neuesten Stand zu bringen. Diese leider sehr seltenen Dokumente sind noch heute eine der wichtigsten Quellen überhaupt, um eine zusammenhängende ägyptische Chronologie zu rekonstruieren. Die Mehrzahl dieser Listen stammt aus der ramessidischen Epoche, besonders aus der Regierungszeit *Sethos' I.* und *Ramses' II.*: Sie enthalten die Namen aller jener Pharaonen, die als deren legitime Vorgänger bekannt sind, bis hin zur Gründung des ägyptischen Königreiches. Die Göttin *Seschat* ist außerdem die Patronin der Schriftkunst, der Mathematik, der Bibliotheken und der Archive.

Auch bei der Einweihung von religiösen Bauwerken spielt sie eine fundamentale Rolle. Nach der ägyptischen Tradition ist die Gründung eines Tempels vom Zusammenwirken einer ganzen Reihe von Faktoren abhängig, ohne die sich nichts machen lässt. Das Ritual ist sehr komplex und bedarf der Mitwirkung des Pharao und einer Reihe von Gottheiten. Als Patronin und Treuhänderin der Baupläne assistiert und berät *Seschat* den Herrscher während der Planung des Heiligtums. Sie überwacht auch die ordnungsgemäße Grundrisslegung nach den Konstruktionszeichnungen. Diese vom König ausgeführte Arbeit findet in der Nacht statt, um die korrekte geografische Orientierung des Bauwerks zu gewährleisten. Hierzu bedient sich der Pharao eines speziellen Sichtinstruments, das ihm die Ausrichtung des geplanten Gebäudes nach dem Stand der Sterne erlaubt. *Seschat*, die sich besonders in der Wissenschaft der Astronomie hervortut, überprüft die Korrektheit der Messergebnisse und macht nach Abschluss der Messungen Voraussagen über die Dauerhaftigkeit des Bauwerks: *»Dein Bauwerk wird so sicher auf seinen Fundamenten stehen wie der Himmel auf den seinen, und dein Werk bei seinem Meister ruhen wie die Erde bei den Göttern ... es wird auf Erden der Zerstörung widerstehen in Ewigkeit ...«* Nach dieser Zeremonie kann mit der Aushebung der Fundamente und der Errichtung der Mauern begonnen werden, die sich jedoch unter dem Vorsitz anderer Schutzgötter vollziehen werden.

Seth

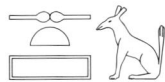

Seth ⊙━━ 🐕

Sohn des Geb (die Erde) und der Nut (der Himmel)
Bruder von Osiris, Horus dem Alten, Isis und Nephthys
Onkel von Horus dem Jungen
Ambivalente Gottheit: Gott des Bösen und des Donners und verantwortlich für Aufruhr und Unordnung, jedoch gleichzeitig Verteidiger der Sonnenbarke
Verkörperung: Fabeltier oder Männergestalt mit dem Kopf dieses Tieres

Seths Kampf gegen Apophis

Die Mehrheit der Grabtexte berichtet von der Reise des Sonnengottes Re über das Himmelszelt. Der Gott legt diese tägliche Reise, einmal von Osten nach Westen und dann von Westen nach Osten, zusammen mit seinem Gefolge in der Sonnenbarke zurück. Dabei werden sie regelmäßig von einem Ungeheuer angegriffen, das aus den Tiefen auftaucht und versucht, die Barke zu versenken: Dies ist die Riesenschlange Apophis, die Verkörperung des Bösen. An der Spitze der Sonnenbarke steht der Gott Seth, dessen Aufgabe es ist, diese gegen alle Angriffe zu verteidigen. So weist er die Schlange stets mit seinem Messer oder seiner Lanze zurück in die Tiefen des Chaos. Dieser ewige Kampf ist das Sinnbild des Triumphes der Schöpfung über das Chaos und der Ordnung über das Durcheinander. So ist der Kampf gegen Apophis ein beliebtes Thema in der ägyptischen Ikonographie. Manchmal wird diese Szene aus dem Kontext genommen und steht für sich allein, so wie hier im Grab des Inerkhau. Die Sonnenbarke ist nirgends zu sehen; es bleibt allein Seth, der in seiner Erscheinung als Fabeltier mit der mythischen Schlange kämpft.
Grab Nr. 359 des Inerkhau,
Deir el-Medineh,
Neues Reich,
West-Theben, Oberägypten

Seth verkörpert in sich alle Ambivalenz des Göttlichen. Durch seine zweischneidige Persönlichkeit hat er im Laufe der ägyptischen Geschichte, je nach Dynastie, die unterschiedlichsten Funktionen inne. *Seths* Ikonographie spiegelt sein schwer fassliches Temperament: So erscheint er als ein aus mehreren Tierarten zusammengesetztes Fabelwesen oder als Mann mit dem Kopf dieses Tieres. Er hat den Körper eines Windhundes, einen langen gespaltenen Schwanz, eine krumme Schnauze mit fransiger Halskrause und lange, hochaufgerichtete, gezinkte Ohren. In der »Osirislegende« erscheint *Seth* als Gott des Bösen: Er ist nicht nur der Mörder seines Bruders, sondern lässt sich auch auf einen Kampf mit *Horus* um den Königsthron ein. *Seth* ist ein Unruhestifter. Er wird mit dem Gewitter, dem Sturm und der Gewalt assoziiert. Seine Domäne ist die Wüste, denn er symbolisiert den Fremden, den Eindringling und die feindlichen Einflüsse schlechthin.

Parallel dazu ist er jedoch auch der Verteidiger der Himmelsbarke des Sonnengottes *Re* vor den Angriffen der Schlange *Apophis*. Bewaffnet mit Messer und Lanze wirft er sich dem Ungeheuer der Finsternis entgegen, um die kosmische Harmonie zu bewahren. Unter einigen Herrschern nahm *Seth* innerhalb des ägyptischen Pantheons einen sehr hohen Rang ein. Für die aus **Avaris**, der Stadt des *Seth*, stammende Dynastie der Ramessiden spielte er eine so wichtige Rolle, dass einige Pharaonen, besonders die Setiden, seinen Namen sogar in ihre Titel integrierten. Doch ist dies ein recht kurzlebiger Triumph: In der Epoche des Niedergangs wird er bereits wieder gefürchtet und gehasst. Hymnen singen von seiner Niederlage gegen *Horus*, und sein Name wird systematisch aus den Tempeln entfernt, da er nun wieder dämonische Züge angenommen hat.

In der uralten Mythologie von **Memphis**, der Reichshauptstadt des Alten Reiches, erbt der König Unterägypten von *Horus* und Oberägypten von *Seth*: Die »beiden Herren« übertragen ihm die Königsmacht und den Thron zu gleichen Teilen. Mit der Einführung des *Osiris*-Mythos wird *Horus* zum alleinigen König über die ganze Erde und *Seth* erhält weniger ehrenwerte Aufgaben. Dieser Sieg gilt als die Frucht eines langen Kampfes, den *Horus*, der legitime Erbe des irdischen Königreiches, gegen *Seth*, den Mörder seines Vaters *Osiris*, ausfocht.

Nach dem Mord an *Osiris* stellte sich das Problem der Thronfolge für Ägypten. *Seth* reißt zunächst die Macht an sich, doch *Horus*, angetrieben von seiner Mutter *Isis*, fordert diese als der legitime Erbe des *Osiris* von *Seth* zurück. So bleibt es nun dem Tribunal der Götter überlassen, diese Angelegenheit zu regeln. Dieses tagt unter dem Vorsitz des Schöpfergottes, genannt »Herr der Welt«, und wird geleitet von *Thot*, dem göttlichen Schreiber, der die Anklagen gegen *Seth* vorträgt und die Diskussion einleitet. Zu dem Zeitpunkt, als die Erzählung einsetzt, dauert dieser Prozess bereits achtzig Jahre. Einige Mitglieder des Tribunals geben *Horus* den Vorzug, der nach geltendem Recht der einzige rechtmäßige Thronerbe ist. Die Versammlung der Götter stimmt diesem bei, doch der Herr der Welt möchte sich nicht *Seths* Unwillen zuziehen, da er sich dessen Macht sehr wohl bewusst ist, und wütet: »*Was bedeutet das schon, wenn ihr eine Entscheidung trefft, ihr allein?*« Um ihn zu beschwichtigen, schlägt einer der Jurymitglieder vor, eine unbeteiligte Partei um Rat zu befragen, und es wird beschlossen, sich an *Neith*, die Göttin von **Sais**, zu wenden, deren immense Weisheit berühmt ist. In ihrer Antwort auf den Brief des *Thot* ergreift sie für *Horus* Partei, schlägt jedoch vor, *Seth* zum Ausgleich die Göttinnen *Anat* und *Astarte* zur Frau zu geben. Das Tribunal ist über diesen Vorschlag hocherfreut, doch der Herr der Welt hofft immer noch auf einen Triumph des *Seth* und betont, dass die extreme Jugend des *Horus* diesen ungeeignet für die Regierung macht. Nun tritt der erboste *Baba*, ein wenig bekannter Gott aus dem Gefolge des *Osiris*, auf den Plan. Er wagt es, den Herrn der Welt zu beleidigen und ihm die nötige Autorität und die Fähigkeit, sich Respekt zu verschaffen, abzusprechen. Bis ins Innerste getroffen, verlässt dieser den Gerichtssaal. Da die Sitzungen jedoch nicht ohne ihn stattfinden können, greift *Hathor* ein. Sie kennt die etwas lüsterne Veranlagung ihres Vaters sehr genau, und um ihn aufzuheitern, hebt sie vor ihm die Röcke und zeigt ihm ihre Unterwäsche. Dies hat sofort Erfolg: Der Herr der Welt

kehrt zurück und der Prozess kann weitergehen. **Seth** und **Horus** beharren weiterhin stur auf ihren jeweiligen Positionen. Von diesen Verzögerungstaktiken verärgert, schlägt **Isis** vor, »*das Problem* **Atum**, *dem mächtigen Prinzen von* Heliopolis*, und* **Chepre***, der in seiner Barke thront, zu unterbreiten*«. Dieser Vorschlag erbost **Seth**, der sich weigert, in ihrer Gegenwart weiterzuverhandeln. Der Herr der Welt geht auf die Launen des **Seth** ein und bittet das Tribunal, die Verhandlungen an einem Ort weiterzuführen, an dem die Göttin nicht zugelassen wird: der »Insel der Mitte«. Außerdem befiehlt er dem Schmugglergott **Anti**, jeder Frau den Zugang zu der Insel zu versagen, die der **Isis** ähnlich sieht. Doch diese möchte ihren Sohn nicht allein lassen und beschließt, den Herrn der Welt zu täuschen. Sie verkleidet sich daher in eine alte Frau und bringt **Anti** dazu, sie auf die »Insel der Mitte« zu lassen, indem sie ihn mit einem goldenen Ring besticht. Dort verwandelt sie sich in ein hübsches junges Mädchen, mit der Absicht, **Seth** zu be-

circen und ihm so eine Falle zu stellen, was auch gelingt. Er lässt sich während ihrer Unterhaltung sogar dazu hinreißen zuzugeben, dass die Thronfolge dem direkten Erben zustünde. Die siegreiche **Isis** verwandelt sich nun in einen Falken und enthüllt ihre wahre Identität. Nachdem er seine Naivität erkannt hat, begibt sich **Seth** zum Herrn der Welt, der nun nicht umhin kann, **Horus** die Krone von Ägypten zu verleihen.

Doch die Geschichte ist noch nicht zu Ende, denn **Seth** ist fest entschlossen, Rache zu üben. So lädt er **Horus** zu einem Wettkampf ein, für den sie sich in Flusspferde verwandeln und unter Wasser begeben; derjenige, der am längsten unten zu bleiben vermag, wird der Sieger sein. **Isis**, die dem Wettkampf beiwohnt, kann es sich nicht verkneifen, ihrem Sohn zu Hilfe zu kommen, indem sie dessen Gegner zu behindern versucht. Sie wirft eine Lanze nach ihnen und trifft zunächst **Horus**. Nachdem sie den Spieß wieder an sich genommen hat, wirft sie ihn erneut und trifft **Seth** mit voller

Wucht. Doch befreit sie, von ihrem schlechten Gewissen gepeinigt, den Verletzten von der Lanze in seiner Seite. Darüber erbost, schlägt *Horus* seiner Mutter den Kopf ab und trägt ihren Körper auf einen Berg, wo er ihn in eine Statue aus Feuerstein verwandelt. Damit jedoch zieht er sich den Ärger des Herrn der Welt zu. Dieser befiehlt der Götterdynastie von **Heliopolis**, *Horus* zu ihm zu bringen, um ihn zu bestrafen. Natürlich ist es *Seth*, der *Horus* als erster entdeckt. Er wirft sich auf ihn, reißt ihm die Augen aus und begräbt diese auf dem Berg. Die abgetrennten Augen verwandeln sich sofort darauf in Himmelsgestirne. Als sie nichts von *Horus* hört, macht sich *Hathor* auf die Suche nach ihm. Sie findet ihn blind, verlassen und in Tränen aufgelöst. Um ihm das Augenlicht wiederzugeben, gießt sie ihm Gazellenmilch in die Augenhöhlen und bringt ihn zum Herrn der Welt. Dieser hat allmählich genug von den ewigen Streitereien der beiden Widersacher und bittet diese, sich bei einem Bankett miteinander zu versöhnen.

So lädt *Seth Horus* zum Essen ein. Hinterher jedoch versucht er, diesen zu vergewaltigen. *Horus* jedoch kann das Sperma seines Angreifers mit den Händen auffangen. Er kehrt zu seiner Mutter zurück, um ihr von der Tat des *Seth* zu berichten. Entsetzt schneidet *Isis* ihm die Hände ab, wirft sie ins Wasser und setzt ihm neue an. Schließlich bittet sie *Horus*, ihm etwas von seinem Sperma zu geben, und verteilt diesen in *Seths* Gemüsegarten. *Seth* hat die Angewohnheit, jeden Abend einen Salat aus seinem Garten zu essen. So findet er sich unversehens vom Samen des *Horus* befleckt, aber er hat natürlich keine Ahnung von dieser Falle. Statt dessen ruft er den Rat der Götter zusammen, um *Horus* vor diesem lächerlich zu machen. *»Man sollte mich zum König machen … denn was Horus betrifft, so habe ich ihn gegen seinen Willen zur Frau gemacht.«* Voller Verachtung machen die Götter nun ausfällige Bemerkungen gegen *Horus*, der jedoch gelassen bleibt und *Thot* bittet, beider Gegner Sperma herbeizurufen und festzustellen, wo dieses gerade herkommt. Groß ist das Erstaunen der göttlichen Versammlung, als das Sperma des *Seth* antwortet, »aus dem Wasser«, und das des *Horus*, »aus *Seth*«. Doch nach all diesem Hin und Her ist *Seth* mehr denn je entschlossen, *Horus* die Königswürde zu entreißen und ihm eine endgültige Niederlage zu bereiten. Man einigt sich, ein Rennen mit steinernen Booten um Ägyptens Thron auszutragen. *Horus* jedoch baut heimlich ein Boot aus Holz, dass er mit Stuck überzieht, um es als steinernes Boot zu tarnen. Natürlich ist sein Boot dasjenige, das beim Rennen nicht untergeht. Wütend verwandelt sich *Seth* in ein Flusspferd und bringt das

Boot seines Gegners zum Kentern. *Horus* kann in den Fluss entkommen und begibt sich nach **Sais**, um sich mit der Göttin *Neith* zu beraten. Er will sie bitten, noch einmal einzugreifen, damit diese Angelegenheit ein- für allemal beendet werden kann. In **Heliopolis** befindet man, dass die Beschwerde des *Horus* berechtigt ist. Doch da man trotz allem Beweise braucht, schlägt *Thot* vor, diesmal *Osiris*, den Vater des *Horus*, zu befragen. In seiner Antwort verwundert sich dieser über den Widerstand gegen *Horus* und erklärt, dass dessen Anspruch auf den Thron unanfechtbar ist. Er lässt sogar Drohungen laut werden. In seiner Eigenschaft als Gott der Vegetation, erklärt *Osiris*, könne er Ägypten jederzeit seine Nahrungsgrundlage entziehen. Als Gott der Unterwelt könne er außerdem eine Abordnung von Toten auf die Erde schicken, um Lügen und Ungerechtigkeit zu betrafen. Die Götter sehen sich in der Klemme und beeilen sich daher, *Horus* ein günstiges Urteil auszusprechen. Der Herr der Welt ruft *Seth* zu sich und zwingt ihn, die ausschließlichen Rechte seines Gegners auf den Thron Ägyptens anzuerkennen. So tritt der kleine *Horus* offiziell das Erbe seines Vaters an. Was *Seth* betrifft, so wird er von nun an den Herrn der Welt begleiten: *»Er wird über den Himmel hinbrüllen, und man wird sich vor ihm fürchten.«*

Schu

Schu

Sohn des Sonnengottes Re-Atum-Chepre
Bruder und Gatte der Tefnut (die Hitze)
Vater des Geb (die Erde) und der Nut (der Himmel)
Gott der Luft und des Lebensatems
Verkörperung: Männergestalt, manchmal mit einer Feder als Kopfschmuck

Schu bildet zusammen mit seiner Schwester *Tefnut* die erste Generation der Götterdynastie von **Heliopolis**. Beide entsprangen der Legende zufolge dem Speichel des Demiurgen *Atum*. Diese Erklärung ist zweifellos das Ergebnis eines Wortspiels, denn die Namen der beiden Götter, *Schu* und *Tefnut*, klingen ähnlich wie die Stammformen zweier altägyptischer Wörter für »spucken«: ischesch und tef. *Schu* ist ein Gott der Luft, die von *Atum* geschaffen wurde, *»um sehen zu können, was er erschaffen hatte«*. Dieser schwer zu definierende Luftraum verkörpert den

Lebensatem und den Raum, innerhalb dessen sich die Strahlen der Sonne ausbreiten. *Tefnut* spielt eine komplementäre Rolle dazu, denn sie bringt die Hitze und die kosmische Ordnung in die Schöpfung ein. In diesem Stadium befindet sich die Schöpfung noch im Werden, denn *Geb* und *Nut*, Erde und Himmel, sind noch nicht erschaffen worden. Diese beiden göttlichen Prinzipen sind als Emanationen der Sonne zu verstehen, die durch ihre Funktion erst das Vehikel für die Ausbreitung der Sonnenstrahlen liefern. Es sind *Schu* und *Tefnut*, die den Gott Realität werden lassen und es ihm ermöglichen, sich zu offenbaren; beide bilden daher eine untrennbare Einheit. Jeden Morgen bringen sie die Sonne in die Welt, deren Kinder sie sind. In der religiösen Ikonographie wird dieser Aspekt ihrer Persönlichkeit durch zwei Löwen dargestellt, die einander den Rücken zukehren: die »Löwen des Horizonts«, die die Sonnenscheibe auf ihren Schultern tragen.

Der nächste Teil des Schöpfungsmythos von **Heliopolis** widmet sich der Erläuterung einer der wesentlichen Rollen des Gottes *Schu*. Wir haben gesehen, wie die Sonne dem Urozean *Nun* entsprungen ist und wie sie *Schu* und *Tefnut* erschuf. Um die Schöpfung zu vervollständigen, vereinigen sich nun diese beiden Gottheiten, um *Geb* und *Nut* zu gebären, die es sich nicht verkneifen können, sich ihrerseits heimlich zu treffen.

Verärgert über diese Liaison befiehlt der Demiurg seinem Sohn *Schu* einzugreifen. Dieser beschließt, sie zu trennen, in dem er *Nut* gen Himmel schickt und *Geb* am Boden lässt. So wird er zum Raum, der die beiden Elemente trennt; ein Raum, der die Verbreitung des Lichtes ermöglicht und damit den absoluten Ausdruck seines Vaters, der Sonne. Es gibt zahlreiche Darstellungen dieser Schöpfungsetappe, auf denen *Schu* mit seinen erhobenen Händen den überlangen Körper der *Nut* hoch über den am Boden ausgestreckten *Geb* hebt. Oft wird *Schu*, Symbol des Lebens schlechthin, mit einem Ankh-Symbol in den Händen oder Armen dargestellt; dies ist gleichfalls das hieroglyphische Zeichen für »Leben«.

Ein Auszug aus der Legende des *Re* erläutert, wie sich im Anschluss an diese Ereignisse die Organisation der Zeit zugetragen hat. Es wird berichtet, wie die Menschen gegen den Sonnengott revoltieren, der daraufhin beschließt, die Erde zu verlassen, jedoch ohne dieser sein Licht zu entziehen. Doch da er nicht mehr über die Kraft seiner Jugend verfügt, führt er einen Zyklus ein, der ihm eine regelmäßige Ruhepause ermöglicht: Er wird tagsüber die Erde bescheinen, am Abend untergehen, um sich zu regenerieren, und am nächsten Morgen erfrischt wieder aufgehen. So werden der Kreislauf von Tag und Nacht auf ewig festgelegt und damit auch die zyklischen Bewegungen der Zeit sowie der Kalender.

Seiten 98 / 99

Der Papyrus des Ani

Der Payrus des Ani ist mit seinen gut 24 Metern Länge eines der längsten bekannten Dokumente dieser Art. Es handelt sich um Kapitel aus dem »Totenbuch«, die dem Verstorbenen bei seiner Wiederauferstehung behilflich sein sollen. Im Laufe seiner Reise durch das Jenseits begegnet der Tote einer Reihe von Gottheiten und Geistern, die es zu erkennen gilt, damit sie ihm die Weiterreise erlauben. Auf dieser Abbildung spielen Ani und seine Gattin eine Partie Senet, eine Art Schach, während vor ihnen ihre Seelen, in Vogelgestalt, eine kosmische Szene betrachten: Die »Löwen des Horizonts«, Schu und Tefnut, tragen ihren Vater, die Sonne, auf ihren Schultern. Über ihren Köpfen befindet sich das Himmelszelt, das durch einen langen schwarzen, an den Enden nach unten weisenden Strich dargestellt wird.

Neues Reich,
British Museum, London

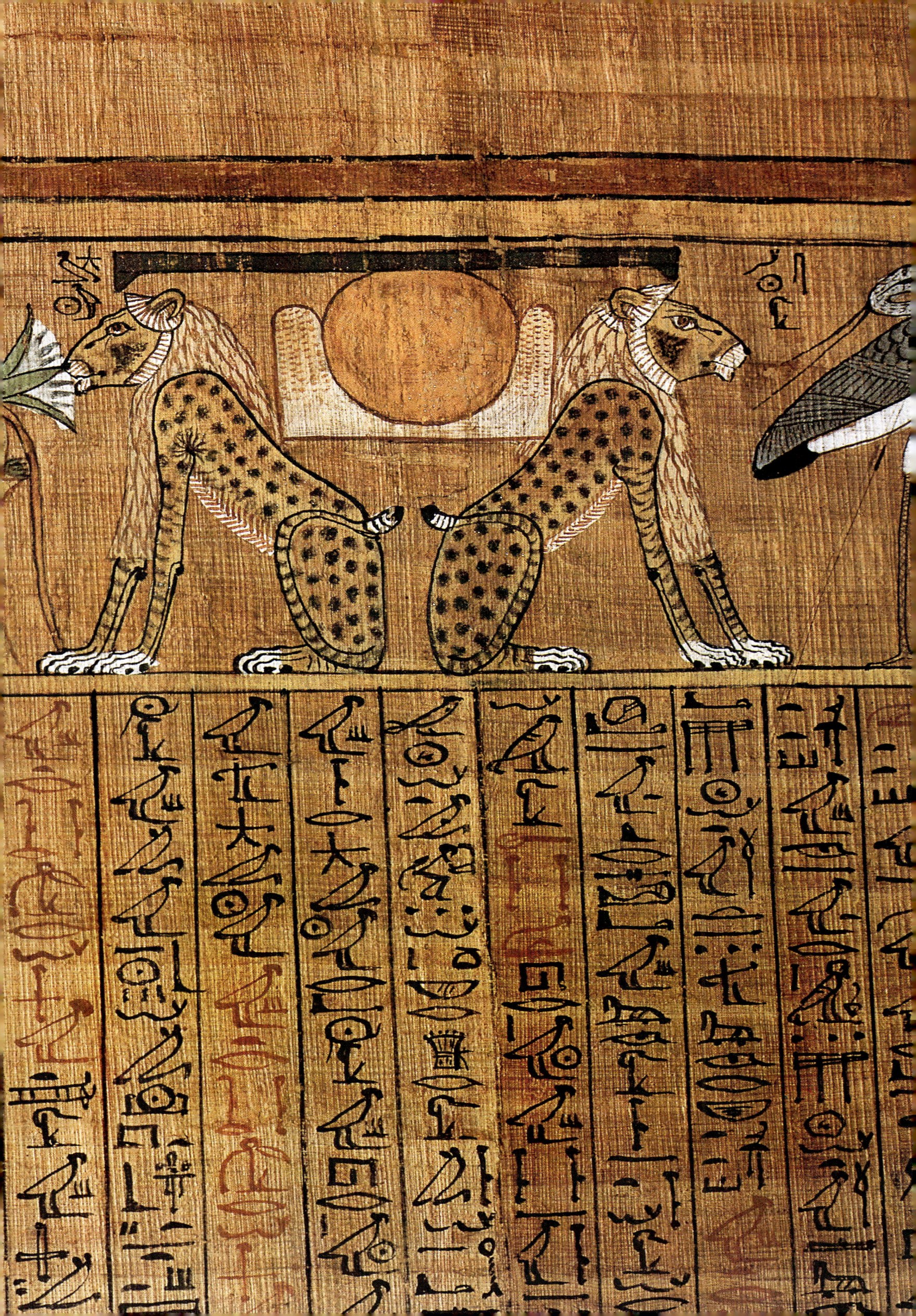

Sobek

 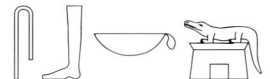
Ursprünglich ist der Krokodilgott *Sobek* der Herr des Wassers. Sümpfe, Seen, Flüsse und Kanäle stehen unter seinem Schutz. Daher befinden sich seine Haupt-Kultorte entweder direkt am Nil oder in wasserreichen Gebieten, z. B. im Nildelta und in der Oase von **Fajjum**. Der Volksglaube hat ihm darüber hinaus die Eigenschaften einer Fruchtbarkeitsgottheit verliehen: So sagt man, dass die jährliche Flut um so größer – und die Ernte damit umso reicher – sein wird, desto mehr Krokodile sich an den Nilufern befinden. Später gewinnt seine Person noch solare Qualitäten hinzu: Er wird zu *Sobek-Re*, dem Herrn der Welt und Schöpfergott. Jeden Morgen begrüßt man ihn mit den Worten: »*Sei gegrüßt, Sobek der Crocodilopolitaner, Re, Horus, mächtiger Gott. Sei gegrüßt, Sobek der Crocodilopolitaner. Sei gegrüßt, der du den Urwassern entstiegst, Horus, Herr über Ägypten. Stier der Stiere, großes mannhaftes Wesen, Herr der schwimmenden Inseln.*«

In **Sais** gilt er als Sohn der *Neith*; er ist derjenige, welcher »*die Vegetation an den Ufern wachsen lässt*«. Im Süden des Landes erfreut er sich eines sehr populären Kultes, und zwar in **Ombos**, dem heutigen **Kom Ombo**, wo er sich ein Heiligtum mit *Haroeris*, »*Horus dem Großen*«, teilt. Hier wird jedes Jahr die Nilflut gefeiert. Das ungewöhnliche Konzept dieser Tempelanlage, in der zwei Gottheiten am selben Ort verehrt werden, ist einzigartig in Ägypten. Die Architekten haben den für ein religiöses Bauwerk dieser Art üblichen Grundplan beibehalten und ihn einfach verdoppelt: Zwei Hauptachsen führen zu zwei Allerheiligsten, die jedoch von einer einzigen Mauer umschlossen sind. Hier ist *Sobek* in der Triade mit *Hathor* und *Chons* verbunden; außerdem werden diese Götter von **Ombos** den historischen Texten der Kosmogonie von **Heliopolis** zugeordnet: Denn *Re* findet sich hier in der Person des *Sobek* wieder und *Schu* in der des *Haroeris*.

In der Oase von **Fajjum** befinden sich mehrere dem *Sobek* geweihte Tempel, sowohl in **Crocodilopolis** als auch entlang des **Moeris-Sees**. *Sobek* hat auch andere Beinamen, so ist er z. B. *Pneferos*, »er mit dem schönen Gesicht«; *Socnebtunis*, »*Sobek*, der Herr von Tebtunis« oder *Socnopaios*, »*Sobek*, Herr der Insel«. Dies zeugt davon, dass im Grunde jedes Dorf den Gott in seiner eigenen Version verehrt. **Herodot** berichtet von diesem Brauchtum: »*Um* **Theben** *und um den* **Moeris-See** *herum wird besonders das Krokodil als heilig verehrt: Jede Region wählt ein Krokodil aus und pflegt es. Das Tier wird gezähmt: Man hängt ihm Anhänger aus Glasfluss und Gold in die Ohren und legt ihm Armbänder um die Vorderfüße. Solange es lebt, gibt man ihm besonderes Futter und hegt und pflegt es; ist es tot, wird es einbalsamiert und in einer geweihten Grabstätte beigesetzt.*«

Sokar

Sokar wird in der Stadt **Memphis** schon seit ältester Zeit verehrt. Anfangs war er zusammen mit *Ptah* der Schutzherr der Handwerker: *Ptah* war der Patron der Steinmetze und Tischler und *Sokar* der der Metallarbeiter. So wurde er zum Gott der Schmiede und zum Erfinder der Metallurgie. Parallel dazu übte *Sokar* als Herr der Nekropole von **Memphis** die Funktion eines Totengottes aus. Er ist der Herr des Königreiches von Rosetau, »*die Pforte zu den Tunneln*«, womit sicherlich der Eingang zur Unterwelt gemeint ist. Doch mit dem Ende des Alten Reiches gerät *Sokar* ein wenig ins Hintertreffen hinter *Ptah* und *Osiris*. Unter dem Namen *Ptah-Sokar* übernimmt nun *Ptah* die Funktion des Totengottes. Noch später, als *Osiris* bereits der unumschränkte Herr des Totenreiches ist, wird *Sokar* zu *Ptah-Sokar-Osiris* und verliert nun endgültig seine individuellen Merkmale.

Sokar wird gewöhnlich als falkenköpfige Mumie dargestellt. Zuweilen erscheint er auch als Falke, der auf einer Barke thront, deren Bug mit einem Antilopenkopf geschmückt ist.

Das Krokodil Sebek

Der Tempel von Kom Ombo ist durch eine Ost-West-Achse in zwei Bereiche eingeteilt: Die südliche Hälfte ist dem Krokodil Sobek gewidmet, die nördliche Hälfte dem Falken Haroeris. An diesem Ort ist Sobek in der Triade mit der Göttin Hathor und dem Kind-Gott Chons verbunden. Auf dieser Abbildung erscheint Sobek mit seiner Gattin, die jedoch kaum als Hathor zu erkennen wäre, wenn ihr Name nicht rechts neben ihrem Kopf geschrieben stünde. Sie trägt nämlich einen Kopfschmuck, der sich aus den Attributen verschiedener Gottheiten zusammensetzt; so hätte es sich bei dieser Darstellung ebenso gut um Isis oder Mut handeln können. Sobek jedoch erscheint in einer sehr traditionellen Aufmachung – als krokodilköpfiger Mann, in seiner Linken das Uas-Zepter der männlichen Gottheiten und in der Rechten das Ankh-Symbol.

Tempel des Sobek und der Haroeris,
Ptolemäische Epoche,
Kom Ombo, Oberägypten

Sothis

Der Himmel und die Sterne

Die in den Grabstätten dargestellten astronomischen Szenen zeugen von der Wichtigkeit des Kosmos in der ägyptischen Religion: Denn schließlich ist es der Schöpfer- und Sonnengott Re, der täglich über den Himmel reist. Alles dreht sich daher um ihn, und so befasst sich die Mehrheit der Darstellungen in den Grabstätten und Tempeln mit seinen Qualitäten, Transformationen, Attributen, seinem Himmelslauf und seiner Natur. Doch interessierte man sich bei der Beobachtung des Himmels auch für die Sterne und deren Konstellationen. Der astronomische Wissensstand der Ägypter ist heute schwer feststellbar, denn die Darstellungen sind oft unklar und überladen. Manchmal werden eine Reihe von Himmelskörpern und Sternen als Gottheiten verehrt; darunter auch Sothis. Je nach Status ihres Auftraggebers sind die Dekorationen von Grabstätten von unterschiedlicher Qualität und Komplexität. Manchmal beschränken sie sich, wie bei Nebenmaat, auf eine schlichte Vignette, die den Verstorbenen in Anbetung der Sonne, der Sterne und des Himmels darstellt. Ein anderes Mal erstrecken sie sich über die gesamte Decke der Grabkammer, wie z. B. bei Sethos I. oder Ramses VI.
Grab Nr. 219 des Nebenmaat, Deir el-Medineh, Tal der Könige, West-Theben, Oberägypten

Unter allen bei den Ägyptern bekannten Himmelskörpern, Konstellationen und Sternen befinden sich nur sehr wenige, die als Gottheit verehrt wurden. So symbolisieren **Re** und **Thot** die Sonne und den Mond, **Osiris** die Konstellation des Orion, und **Horus** ist die Verkörperung einer der fünf bekannten Planeten: So wird Mars auch »der rote **Horus**« genannt. Zuweilen jedoch nehmen die in den astronomischen Szenen der in den Königsgräbern dargestellten Konstellationen und Planeten durchaus göttlichen Charakter an. Das schönste Beispiel dafür befindet sich in der Grabstätte *Sethos' I.* im Tal der Könige. Auf einem dunkelblauen Hintergrund, der den Himmel darstellen soll, tummeln sich Hunderte von Tieren und Himmelsgottheiten, jeweils gekrönt mit Sonnenscheiben oder bunten Sternen und zuweilen begleitet von einer Kurzlegende mit ihren Namen und Eigenschaften. Leider sind diese Himmelskarten meist derart mit Bildern überladen, dass es schwer fällt, sie zu interpretieren. Was die Sterne betrifft, so gelten diese als Inkarnationen von Verstorbenen; allein *Sothis* erfreut sich eines echten Kultes, da sie die Nilflut symbolisiert. *Sothis* ist der Name der Ägypter für den Hundsstern Sirius. Er ist der leuchtendste Fixstern am Himmel; darüber hinaus hat er aber auch eine besondere Eigenschaft, die ihn in direkten Zusammenhang mit dem ägyptischen Kalender stellt.

Die alten Ägypter haben zwei Kalender: den Mondkalender, der den religiösen Festen vorbehalten ist, und den zivilen Sonnenkalender. Dieser besteht aus zwölf Monaten zu je dreißig Tagen, an welche fünf Extratage, die Epagomene, angehängt werden – die **Osiris, Isis, Horus dem Alten, Seth** und **Nephthys** gewidmet sind – insgesamt hat das Jahr also 365 Tage. Das Jahr wiederum ist in drei Jahreszeiten zu je 4 Monaten unterteilt: Akhet (die Überschwemmung, von Juli bis Oktober), Peret (die Aussaat, von November bis Februar) und Chemu (die Ernte, von März bis Juni). Jeder Monat von 30 Tagen ist in drei Dekaden zu zehn Tagen unterteilt; der Tag hat 24 Stunden. Das ägyptische Jahr beginnt mit dem ersten Tag der »Überschwemmung«; bald bemerkte man, dass dieser Zeitpunkt von einem astronomischen Phänomen begleitet war: Der Stern Sirius erschien dabei gleichzeitig mit der Sonne am Himmel. Man nennt dieses Phänomen, das den Beginn des ägyptischen Jahres sowie den der jährlichen Nilflut begleitet, den Sonnenaufgang des Sirius; dieser findet jedes Jahr am 19. Juli unseres Kalenders statt.

Allerdings beträgt die exakte Länge des Sonnenjahres in Wirklichkeit 365 $\frac{1}{4}$ Tage. In unserem Kalender wird diesem Umstand dadurch Rechnung getragen, dass man alle vier Jahre einen Schalttag einfügt; ein Brauch, der jedoch in Ägypten nicht praktiziert wird. Da sich daher das ägyptische Jahr alle vier Jahre um einen Tag verschiebt, müssen logischerweise 1460 Jahre vergehen, bis alle drei Phänomene – Sonnenaufgang, Sonnenaufgang des Sirius und Einsetzen der Nilflut – wieder am selben Tag stattfinden. So verschiebt sich der Kalender im Laufe der Zeit so sehr, dass die Sommerfeste im Winter stattfinden und umgekehrt. Glücklicherweise führten die Schreiber über die Verschiebung zwischen dem Sonnenaufgang des Sirius und dem offiziellen Beginn des neuen Jahres sorgfältig Buch. So ist es uns heute möglich, den Daten der ägyptischen Geschichte ein präzises Datum nach unserem heutigen Kalender zuzuordnen.

In diesem Zusammenhang ist es nur erklärlich, dass *Sothis* eine besondere Bedeutung zukommt. Sie steht in engstem Zusammenhang mit der Nilflut, der Überschwemmung und der Fruchtbarkeit. Man sagt, dass sie beim Schöpfungsakt dabei gewesen ist, denn der Stand der Himmelskörper zur Zeit des Sonnenaufgangs des Sirius gilt als identisch mit dem des ersten Tages der Welt.

Aufgrund dieser Charakteristika wird *Sothis* außerdem mit der Göttin *Isis* in Verbindung gebracht; sie gilt als eine ihrer Verkörperungen. Ihre Ikonographie ist wechselhaft: Manchmal erscheint sie als Kuh, manchmal mit den Zügen der *Isis* und zuweilen als leuchtender gelber Stern. Der Kult der *Sothis* war so bedeutend, dass er im Niltal selbst nach der Einführung des römischen Kalenders weiterbestand, welcher dem überzähligen Vierteltag des Sonnenjahres Rechnung trug. Überlieferungen zufolge bedeutete das Erscheinen des Sirius am Morgenhimmel immer noch »*den Anfang oder die wichtigste Phase des Jahres*«.

Tatenen

Im ägyptischen Pantheon gibt es eine Reihe von Gestalten, die die Erde verkörpern. Es handelt sich dabei nicht unbedingt um Gottheiten; manchmal sind es einfache »Personifikationen«, die zur Symbolisierung eines Elements des Kosmos, der Natur, einer Stadt, einer Nekropole, einem besonderen Ort oder einfach nur einem Gefühlszustand herbeigezogen werden. Was die Erde betrifft, so beziehen sich diese Personifikationen stets auf einen ihr eigenen Aspekt: Manchmal verkörpern sie die grundlegende Eigenschaft der Erde als den fruchtbaren Boden, der die Welt mit Pflanzen und Nahrung versorgt; ein andermal spiegeln sie nur eine ihrer räumlich oder zeitlich begrenzten Facetten wider.

Die Bekannteste aller Personifikationen der Erde entstammt dem Schöpfungsmythos von **Heliopolis**: Es ist *Geb*, der Sohn des *Schu* und der *Tefnut*. Er versinnbildlicht das Profil der Erde und den Reichtum des Bodens und wacht über alles, was dieser hervorbringt oder enthält: Mineralien, Tiere und Pflanzen, aber auch die Toten und die Unterwelt. An seiner Seite befindet sich *Pega*, der die Erde in ihrem ganzen Ausmaß symbolisiert. *Aker* steht eher für die Tiefen der Erde, besonders das Reich der Toten und den Ort, wo sich die Sonne regeneriert. Als langer Erdstreifen mit einem Menschenkopf an jedem Ende bewacht *Aker* das Kommen und Gehen der Verstorbenen am Eingang zur Unterwelt, wobei er ihnen entweder wohlwollend oder bedrohlich begegnet.

Tatenen gehört ebenfalls dieser Kategorie von Gottheiten an. Sein Name bedeutet wörtlich »*die Erde, die sich hebt*«, und er steht sowohl für das Innere der Erde als auch für jenen Erdhügel, der sich zu Beginn aller Zeiten aus dem Urozean *Nun* erhob. Nach einigen Überlieferungen ist er der Schutzherr der Wege des

Re, die dieser auf seiner nächtlichen Reise beschreitet: Er hat dafür zu sorgen, dass die Sonnenbarke unterwegs nicht auf Hindernisse stößt.

Tatenen stammt ursprünglich aus **Memphis**, wo er eine Zeitlang die Rolle des Demiurgen innehatte. Er wird dargestellt als Mann mit einem langen falschen Bart und einem Kopfschmuck aus einem Paar Widderhörnern, der Sonnenscheibe und zwei langen Federn. Hier, wie auch in allen anderen Schöpfungsmythen, beginnt die Welt mit *Nun*, dem reglosen Urozean, der Verkörperung des Nichts. In diesem Urozean befindet sich eine noch unbewusste Kraft, die allmählich zum Leben erwacht und sich in Form eines Hügels aus den Wassern erhebt: Diese Kraft nennt sich *Tatenen* und verkörpert den Ort, an dem die Welt entstehen wird. Ab Beginn der 18. Dynastie übernimmt der gleichfalls aus **Memphis** stammende *Ptah* die Attribute aller Gottheiten seines Gefolges. Unter dem Namen *Ptah-Sokar* wird er zu *Sokar*, dem Schutzherrn der Metallarbeiter und der Nekropole von **Memphis**; unter dem Namen *Ptah-Sokar-Osiris* löst er später auch *Osiris* als Gott des Jenseits ab, und zu guter Letzt wird er unter dem Names des *Ptah-Tatenen* selbst zum Schöpfergott von **Memphis**.

Leider ist unsere Kenntnis der Kosmogonie von **Memphis** sehr lückenhaft. Ein einziges überliefertes Dokument berichtet von der Erschaffung der Welt durch *Ptah*: Es handelt sich um eine Stele aus der Regierungszeit des *Schabaka*, einem Pharao der 30. Dynastie, doch ist dieser Text selbst eine Kopie eines noch älteren Papyrus. Niemand kann sagen, ob der Originaltext in dieser Abschrift völlig verändert oder nur abgewandelt wurde, damit *Ptah* in der Rolle des Schöpfergottes erscheinen konnte. Außerdem ist die Stele sehr beschädigt: Sie enthält zahlreiche Lücken, die uns keine sehr detaillierte Entzifferung der theologischen Feinheiten mehr erlauben. Doch wir können trotz allem feststellen, dass *Tatenen* hier nur eine der vielen Facetten des *Ptah* darstellt, der sich überhaupt ausgiebig bei den Gottheiten anderer Kosmogonien bedient. So manifestiert er sich in seiner Eigenschaft als Schöpfergott sowohl als *Ptah*, als *Tatenen* sowie als *Ptah-Tatenen*. In einer Passage über die Stadt **Memphis** wird diese als »*Kornkammer des Tatenen*« beschrieben und als Ort, »*der das Herz der Götter im Tempel des Ptah erfreut*«. An anderer Stelle wird über die Ankunft des *Osiris* in **Memphis** berichtet, dass er »*in den Palast eintrat und sich dort mit den Göttern, besonders Ptah-Tatenen, dem Herrn der Jubiläen, verbrüderte*«.

Tefnut

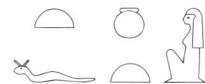

Tefnut

Tochter des Sonnengottes Re-Atum-Chepre

Schwester und Gattin des Scu (der Lebensatem)

Mutter des Geb (die Erde) und der Nut (der Himmel)

Verkörperung der Hitze und der kosmischen Ordnung: zuweilen in der Gestalt der gefährlichen Löwengöttinnen

Verkörperung: Löwin oder löwenköpfige Frau

In der Tradition von **Heliopolis** ist *Tefnut* die Tochter des Schöpfergottes *Re*. Zusammen mit ihrem Bruder *Schu* bildet sie das erste göttliche Paar. Durch ihre Funktion im Herzen der Schöpfung sind die beiden voneinander nicht wegzudenken. *Tefnut* ist die Verkörperung der kosmischen Ordnung; *Schu* symbolisiert das Leben. *Tefnut* bringt die Wärme und *Schu* das Licht. Beide sind direkt aus ihrem Vater *Re* hervorgegangen, aber erst durch ihre Gegenwart kann sich das Licht der Sonne ausbreiten. Diese Tatsache kommt in den kosmogonischen Dokumenten klar zum Ausdruck, wenn es vom Demiurgen heißt: »*Aus einem wurde er drei.*« *Re* kann ohne seine Kinder nicht existieren.

Oft übernimmt *Tefnut* Gestalt und Charakter solch Furcht erregender Göttinnen wie der Löwin *Sechmet*. Diese ist die Inkarnation des Sonnenauges und erscheint in den Legenden als Furcht erregende und kapriziöse Gestalt, so z. B. in dem wunderbaren Mythos von der »Nubischen Löwin«, deren vollständige Fassung uns aus der griechisch-römischen Zeit bekannt ist. Die Geschichte spielt zu der Zeit, als die Götter noch auf Erden lebten. *Tefnut*, so wird berichtet, hatte sich aus eigenem Willen in das südlich von Ägypten gelegene Nubien zurückgezogen. Dort nennt man sie »die Furcht Erregende«, denn sie streift in der Gestalt einer Löwin durch die Wüste, um ihren Blutdurst zu stillen. Aus ihren Augen zucken Blitze, und ihrem Maul entspringen Flammen. Sie verbreitet Terror um sich, und niemand wagt es, sich ihr zu nähern, aus Angst, zerrissen zu werden. Doch im weit entfernten **Heliopolis** hat ihr Vater *Re* Sehnsucht nach ihr. So befiehlt er eines guten Tages, eine Suchexpedition zu starten. Die Götter sind davon jedoch nicht sehr begeistert, und so überredet *Re Schu* und *Thot*, sich auf die Reise nach Nubien zu begeben; denn da *Schu Tefnuts* Bruder ist, überlegt *Re*, wird er

sie auf Dauer auch nicht entbehren können. Außerdem bilden beide zusammen das Paar der »Löwen am Horizont«, das den Sonnengott auf seinen Schultern trägt. Da *Schu* in dieser Rolle ebenfalls die Gestalt eines Löwen annimmt, dürfte es ihm leichter fallen, sich *Tefnut* zu nähern. Was *Thot* betrifft, so ist der Sonnengott überzeugt, dass dieser als Gott der Schriftkunst und der heiligen Beschwörungen die nötige Überzeugungskraft aufbringen wird, um seine Tochter zur Heimkehr zu bewegen. Die beiden Götter begeben sich also nach Nubien, wo es ihnen tatsächlich gelingt, *Tefnut* aufzuspüren, doch die erzürnte Göttin lässt sie nicht an sich heran. Nun verwandeln sich die beiden in Affen – ein Tier, das zu klein ist, um die schreckliche Löwin noch weiter aufzuregen. *Thot* nimmt nun die Verhandlungen auf und versucht, *Tefnut* mit allen Mitteln seiner Überredungsgabe dazu zu bewegen, ins Niltal zurückzukehren: Dort, so sagt er, herrsche Lebensfreude und Überfluss. Wenn sie ihnen nach **Heliopolis** folge, würde man ihr zu Ehren Tempel bauen, Feste feiern und ihr einen eigenen landesweiten Kult aufbauen. Er schmeichelt ihr und lobt ihre prachtvolle Erscheinung: »*Deine Augäpfel sind schöner als der wolkenlose Himmel.*« Er erzählt ihr Fabeln und Moralgeschichten, und ganz allmählich lässt sich die Göttin von seinen schönen Worten einwickeln und willigt schließlich ein heimzukehren. Auch während der Heimreise hört *Thot* nicht auf, sie zu umschmeicheln, denn er weiß, dass ihr feuriges Temperament jederzeit wieder zum Ausbruch kommen kann. *Schu* hingegen ist so glücklich, seine Schwester wiedergefunden zu haben, dass er sich damit begnügt, um sie herumzutanzen. An den Toren Ägyptens angelangt, werfen sie die Göttin in die eiskalten Wasser des **Abaton**, um ihr heißes Temperament abzukühlen. Sie entsteigt diesem unfreiwilligen Bad mit den friedfertigen Charakterzügen der Göttin *Hathor* und lässt ihre Aggressivität endgültig hinter sich. Die Reise nach **Heliopolis** zu ihrem Vater dauert neun Tage, während derer man *Tefnut*, die Tochter des *Re*, auf beiden Seiten des Flusses feiert und ihr mit Tänzen und Opfergaben begegnet.

Diese Legende ist eine Allegorie auf den Sonnenlauf und die zyklische Wiederkehr der Nilflut. Das nubische Exil der *Tefnut* unter dem Aspekt »der Furcht Erregenden« symbolisiert die Periode der Dürre, während ihre Rückkehr nach Ägypten unter dem Aspekt der Göttin *Hathor* das Wiederansteigen des Wassers darstellt. Das unzerreißbare Band, das die Tochter der Sonne mit den fruchtbaren Fluten verbindet, die das Überleben des ägyptischen Volkes garantieren, zeugt einmal mehr von der primären religiösen Bedeutung der Sonnenscheibe.

Von Thot, dem Ibis ...

Thot tritt je nach Zusammenhang in zwei verschiedenen Formen auf: Im Allgemeinen ist er in seiner Ibisgestalt der göttliche Schriftführer, während er als Pavian der Schutzpatron der Schreiber ist. Doch das ist nur die Theorie. In Wirklichkeit sind die Verkörperungen des Gottes im Laufe der Zeit austauschbar geworden. Diese Statuette zeigt einen schreitenden Thot mit Ibiskopf; in den Händen trägt er ein Tabernakel mit dem Wedjat-Auge. Die Darstellung nimmt Bezug auf eine Episode in der Osirislegende, in der erzählt wird, wie Seth nach dem Mord an seinem Bruder dessen Sohn Horus das Königreich streitig machen will. Im Kampf gelingt es Seth, Horus ein Auge auszureißen, das Thot geduldig wiederherstellt, um es dann Re, dem Sonnengott von Heliopolis zu übergeben.
Epoche des Niedergangs,
Louvre

Seiten 108 / 109
... bis zu Thot, dem Pavian

Es gibt zahlreiche Dokumente mit der Darstellung des Seelengerichts. Eine Analyse ergibt jedoch, dass es keine Standarddarstellung dieser Szene gibt: Die Gottheiten kommen und gehen ganz nach Laune des Künstlers, obwohl einige nur schwer aus der Szene wegzudenken sind. Das ist z. B. der Fall bei Osiris, der dem Gericht vorsitzt, und bei Thot, der das Ergebnis der Wiegung des Herzens überprüft. Auch die »Große Seelenfresserin«, die bei einem negativen Urteil das Herz des Toten verschlingt, darf nicht fehlen. Im Papyrus des Neferubenef jedoch ist keiner von ihnen zugegen. Maat, die Göttin der Gerechtigkeit, wird durch ihre Straußenfeder vertreten, während Thot in seiner Paviangestalt auf einem Podest hockt und das Wiegen unbeteiligt beobachtet.
Neues Reich,
Louvre

Thot

> **Thot**
>
> Gottheit mit verschiedenen Funktionen:
> Gott des Mondes, der Schriftkunst und der Wissenschaften, Bote und Schreiber der Götter, Gott des Wissens, Schutzherr der Schreiber
> Haupt-Kultort: Hermupolis (Zentralägypten)
> Verkörperung: Mann mit Ibis- oder Paviankopf

Thot ist ursprünglich der Ibisgott des Nome von **Hermupolis** in Zentralägypten. Sehr bald jedoch wird er in den illustren Kreis der großen Götter des ägyptischen Pantheon aufgenommen und entwickelt sich zur rechten Hand des Herrn der Welt. Diese Funktion wurde ihm aufgrund seiner Weisheit und seiner Kompetenz vom Demiurgen selbst angeboten. Die Geburt des **Thot** liegt im Dunkeln: Je nach Überlieferung entsprang er dem Kopf des **Seth** oder dem Herzen des Schöpfers in einem Moment der Traurigkeit. Wie dem auch sei, so verdankt er seinen Erfolg und seine Berühmtheit weniger seiner bescheidenen Herkunft als seinen unbestreitbaren Qualitäten. Denn **Thot** ist ein Arbeitstier. Seine Verantwortung für die Verwaltung der Welt ist beträchtlich. Er ist das Instrument zur Verwirklichung der Schöpfung. Er ist im Besitz sämtlicher Wissenschaften: Er weiß alles und versteht alles; und da er alles Wissen verwaltet, obliegt ihm auch dessen Verbreitung. So erfindet er ein Mittel, das ihm die tausendfache Vervielfältigung seines Wissens erlaubt: die Schrift. Er ist der unbestrittene Meister der »göttlichen Worte«, der Hieroglyphen; er ist der Autor aller Schriften und der Schutzherr der Schreiber.

Doch macht ihn das deutliche Bewusstsein seiner Überlegenheit zu einem anmaßenden, aufgeblasenen Langweiler. Er liebt gewichtige Diskurse, benutzt komplizierte Wörter und einen affektierten Tonfall; kurz, er hört sich gern reden. Natürlich ist er eine Nervensäge. Die anderen Gottheiten, obwohl voller Respekt für sein ungeheures Wissen, lassen es ihn merken. Eine kleine Anekdote demonstriert, wie sehr er die Geduld strapazieren kann: Sie spielt sich ab zu der Zeit, als sich die Göttin *Isis* auf der Flucht vor *Seth* mit ihrem Sohn in den Sümpfen von **Chemmis** versteckt hält. Dort findet sie eines Abends ihren kleinen Sohn *Horus* sehr krank vor. Da sie nicht weiß, woran er erkrankt ist, bittet sie *Re*, Hilfe zu schicken. Dieser schickt ihr den Gott *Thot*, der für seine Zauberkräfte bekannt ist. Er betrachtet das

Kind, diskutiert, erwägt, beratschlagt hin und her und kommt vom Hundertsten ins Tausendste. Verärgert bittet *Isis* ihn zu schweigen und ruft: »***Thot**, wie weise ist dein Herz, doch wie langsam bist du von Entschluss!*«

Als Verwalter des Wissens verfügt **Thot** über die verschiedensten Kompetenzen. Er ist der Gott der Mathematik, der Erbsenzähler par excellence. Er soll in eigener Regie die Grenzen der Länder und der Nome festgelegt haben; er hat »*den Plan der beiden Länder sowie die Organisation der Provinzen geschaffen*«. Man sagt ihm selbst die Errichtung der Tempel nach, denn nur er kann die Grundrisse erstellen und für eine korrekte Ausrichtung der Bauwerke sorgen. Alle Wissenschaften befinden sich unter seiner Kontrolle und bedürfen seiner Schirmherrschaft: Er ist der Patron der Schreiber, der Ärzte, der Astronomen, der Magier und der Architekten.

Außer seinen irdischen Pflichten hat **Thot** auch einige Aufgaben in den Himmelsgefilden. Nach dem Wunsch des Demiurgen ist er der Gott des Mondes. Eine Legende berichtet, wie **Thot** zu dieser Rolle kam. Sie trägt sich zu jener Zeit zu, als der Sonnengott den ewigen Streitereien und Revolten der Menschen müde geworden ist und beschließt, sich in den Himmel zurückzuziehen. Seine Reise wirft die Struktur der Zeit durcheinander, denn von nun an wird die Sonne die Erde nur noch am Tage beleuchten, am Abend untergehen, um die Unterwelt zu durchreisen, und am Morgen wieder erscheinen. Die Nacht ist nun eine Zeit der totalen Finsternis, denn die Sterne vermögen nicht genug Licht zu geben. So ersetzt **Thot**, der Mond, die Sonne während ihrer Abwesenheit. Es ist *Re* selbst, der ihm diese Aufgabe zuweist: »*Du wirst meinen Platz einnehmen als mein Substitut. Man wird dich **Thot** nennen, den Stellvertreter des **Re**. Ich werde es so einrichten, dass du die zwei Himmel mit deiner Schönheit und Klarheit umgibst. Und so entstand der Mond des **Thot**.*« Durch diese lunare Funktion wird er zum Herrn der Sterne und der Zeit. Er ist der Erfinder des Kalenders, denn durch seine Bewegungen entstehen die Tage, die Monate, die Jahreszeiten und die Jahre.

Auch im Jenseits hat er zu tun. Er ist der göttliche Schriftführer und der Götterbote des Jenseits. Beim Seelengericht hält **Thot** das Wiegeergebnis der Göttin *Maat* auf seinen heiligen Tafeln fest. Er ist es auch, der den Toten in den Gerichtssaal und vor *Osiris* führt. Ein Auszug aus dem 125. Kapitel des »Totenbuchs« berichtet von dieser Rolle des **Thot**. Der Verstorbene hat gerade den Gerichtssaal erreicht, in dem die Gottheiten des Jenseits tagen. Er will eintreten, aber wird von **Thot** aufgehalten:

»Die Stimme des **Thot**, des Unsichtbaren, erklang sodann:

– Sag mir zuerst, warum kamst du hierher?

– Ich komme, um vorgestellt zu werden.

– Wie ist dein Zustand? Was für ein Mensch bist du?

– Ich habe mich gereinigt von allen Sünden und mir sind jene Menschen fremd, die dem Impuls des Augenblicks gehorchen: Zu diesen zähle ich nicht!

– Ich werde dich den Göttern vorstellen, wenn du mir zuvor noch dieses sagst: Was ist der Name der Gottheit, geschützt durch einen Himmel aus Feuer und umgeben von einer Mauer aus Schlangengöttinnen, die auf den fließenden Wassern ruht?

– Es ist **Osiris**.

– Tritt ein! Fürwahr, ich darf dich ankündigen!«

Die ägyptischen Mythen und Legenden berichten von Gottheiten, die sich, ähnlich wie die Menschen, in einem geordneten Universum entwickeln. An der Spitze der göttlichen Administration steht der Herr der Welt, die Entsprechung des Pharao auf Erden. Diesem steht der göttliche Schreiber **Thot** zur Seite, der eine ähnliche Funktion innehat wie der Wesir des pharaonischen Reiches. Beide fungieren als rechte Hand des Herrschers und sorgen für ein reibungsloses Funktionieren der Regierung. Der Herr der Welt greift eigentlich nur in Krisenzeiten ein, wenn z. B. ein Konflikt zwischen den Göttern ausbricht. Es ist **Thot**, der sich um die zahllosen organisatorischen Einzelheiten des täglichen Lebens kümmert. Er weiß sich unter den Göttern Respekt zu verschaffen, denn er ist sich seiner Kompetenz bewusst. Der Herr der Welt befindet sich meist in **Thots** Begleitung, er ist sein treuer Berater in allen Lebenslagen.

Auch die Gesellschaft der Götter ist einer Reihe von festen Regeln unterworfen. Wenn sich eventuelle Konflikte nicht anhand dieser Verhaltensregeln lösen lassen, treffen sich die Götter in einer Versammlung, um gemeinsam einen Lösungsweg zu erarbeiten. Nach den Debatten und Diskussionen, die manchmal mehrere Jahre dauern können, obliegt es **Thot**, die getroffene Entscheidung bekannt zu geben und für deren Durchführung zu sorgen. Keine Entscheidung kann in die Tat umgesetzt werden, bevor sie nicht von **Thot** zur Kenntnis genommen und niedergeschrieben wurde; er sorgt persönlich dafür, dass sie jedem Gott mündlich oder schriftlich mitgeteilt wird. Diese göttlichen Gerichtsentscheidungen können über sehr unterschiedliche Themen ergehen: Entweder sie betreffen einen Aspekt des täglichen Zusammenlebens, eine Entscheidung über einen Disput oder das Inkrafttreten eines neuen Gesetzes.

Thoeris

Thoeris	
Schutzherrin des Heimes, der Frauen und Kinder	
Haupt-Kultort: in den Haushalten	
Verkörperung: Frau mit dem Körper eines Fabelwesens	

Wie der Zwerg **Bes** gehört auch die Göttin **Thoeris** dem häuslichen Bereich an. Ihre treuesten Anhänger finden sich unter dem einfachen Volk. Ihre wichtigste Rolle dabei ist der Schutz der Frauen und Kinder. Sie ist die Garantin der Fruchtbarkeit der Frauen, sorgt für eine erfolgreiche Geburt und überwacht das Stillen der Kleinkinder. Man nennt sie »die Weiße«, »die Große« oder »der Harem«. Sie unterstützt alle Frauen beim Gebären, ob Göttinnen, Königinnen oder einfache Frauen. So ist ihr Schutz während der gesamten Schwangerschaft bis hin zur Geburt von essenzieller Wichtigkeit. Um sich dieses Schutzes zu versichern, tragen die Frauen entweder das Amulett der **Thoeris** stets bei sich, oder es befindet sich ihre Statuette auf dem Hausaltar. **Thoeris** ist von sehr eigenartigem Aussehen. Sie hat den Körper eines Fabelwesens, halb Flusspferd und halb Krokodil, mit menschlichen Händen und Löwenpfoten. Sie geht aufrecht auf ihren Hinterbeinen; in ihrer Nähe findet man stets den magischen Knoten, Symbol des Schutzes. Ihre Form bezieht sich speziell auf ihre Funktion als Beschützerin der Frauen, denn mit ihrem dicken Bauch und den schweren, hängenden Brüsten erinnert sie an eine schwangere Frau.

Ausgrabungen in Wohngebieten brachten eine Menge eigenartiger Objekte zum Vorschein, deren Funktion es anscheinend war, für ausreichenden Milchfluss bei jungen Müttern zu sorgen. Es sind Hohlfiguren aus Terrakotta oder Fayence in der Gestalt der **Thoeris**. Eine ihrer Brüste steht in einer Art Gebärde des Stillens waagerecht ab und hat ein Loch, das mit einem winzigen Korken verschlossen ist. Der Überlieferung nach wurde die Statuette am Tag der Geburt mit Milch gefüllt, und so wie sie diese beim Herausziehen des Korkens Tropfen für Tropfen preisgab, sollte sie zugleich symbolisch den Milcheinschuss bei der Besitzerin des Objekts garantieren. Die Bedeutung einer Variante dieser Statuette allerdings ist uns noch völlig unklar: Diese enthielten nämlich in ihrem Hohlraum Kleidungsfetzen, die schwangeren Frauen gehört hatten.

KARTE VON ÄGYPTEN

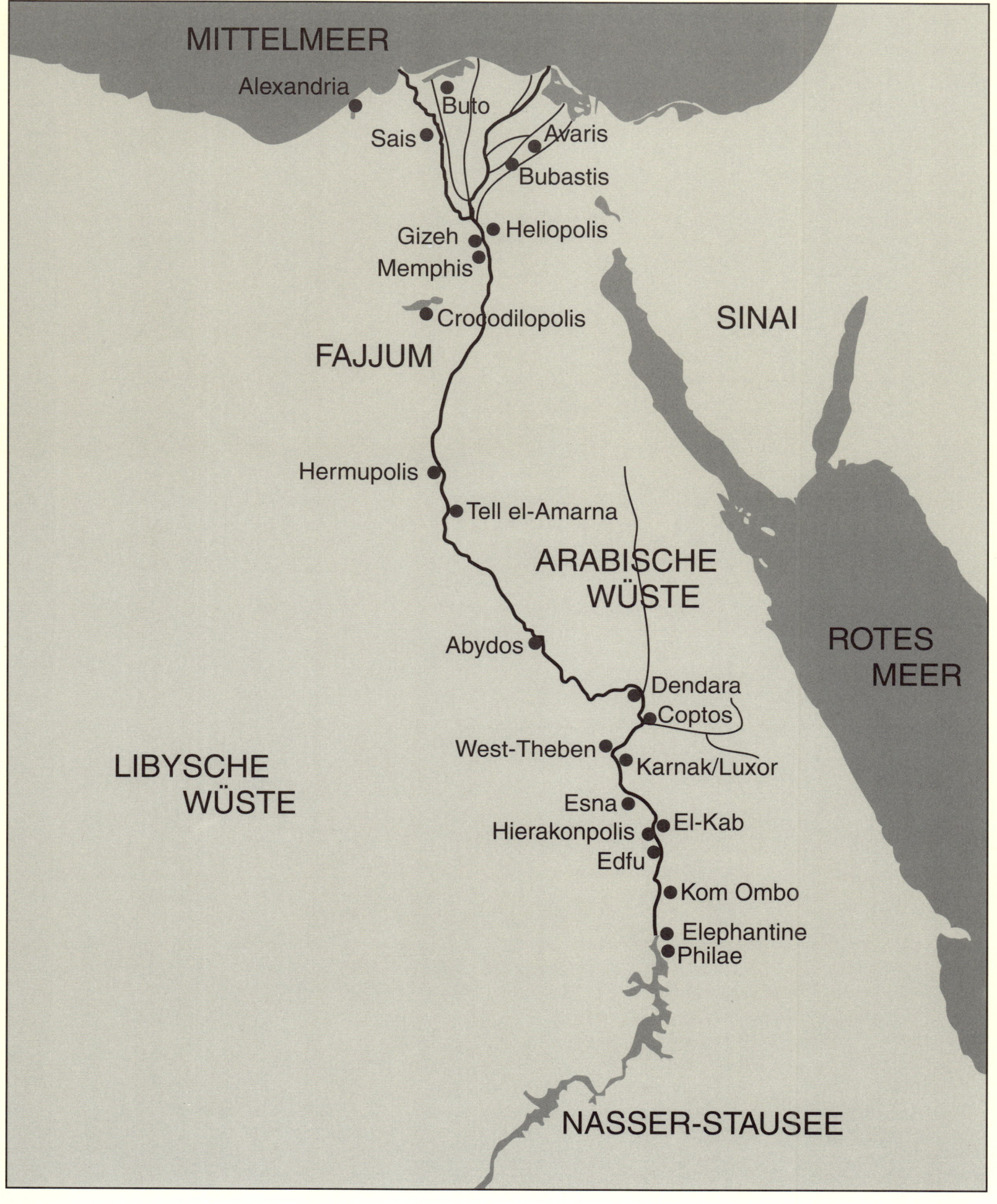

MITTELMEER

Alexandria

Buto

Sais

Avaris

Bubastis

Gizeh

Heliopolis

Memphis

Crocodilopolis

FAJJUM

SINAI

Hermupolis

Tell el-Amarna

ARABISCHE
WÜSTE

ROTES
MEER

Abydos

Dendara

Coptos

West-Theben

Karnak/Luxor

LIBYSCHE
WÜSTE

Esna

Hierakonpolis

El-Kab

Edfu

Kom Ombo

Elephantine

Philae

NASSER-STAUSEE

EINIGE GÖTTER

Ikonographie und Verkörperung

Amun

Bes

Anubis

Chepre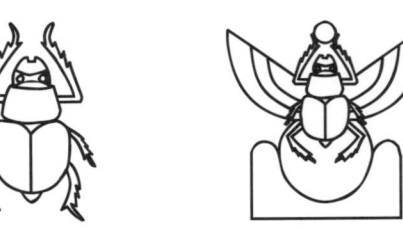

Apis

Chnum

Apophis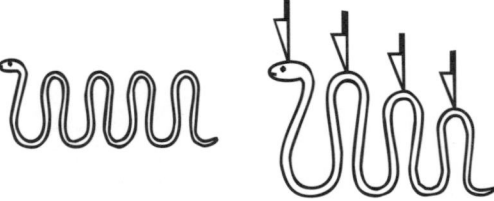

Chons

Aton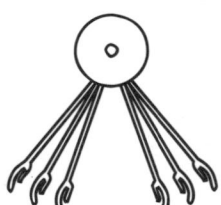

Hapi

Atum

Harachte

Horus	  	Schu	 
Min		Seth	  
Month	 	Sobek	 
Nefertem	 	Sokar	 
Osiris	  	Sopdu	 
Ptah	  	Thot	  
Re	  	Upuaut	 

115

Ikonographie und Verkörperung

Bastet

Isis
(mit Osiris und Horus)

Hathor
(Frau)

Isis
(mit Harpokrates)

Hathor
(Kuh)

Maat

Heqet

Mut

Isis

Neith

Isis
(mit Nephthys)

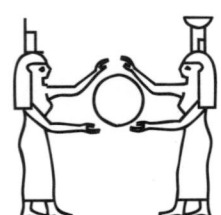 

Neith
(als Kuh Ihet,
dem Reittier des Re)

Nechbet 	*Selket*  
Nechbet (mit Wadjet) 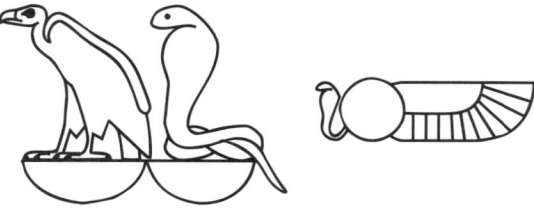	*Seschat*  
Nephthys   	*Sothis*   
Nut  	*Tefnut*  
Nut (mit der Sonne)  	*Tefnut (mit Schu)* 
Satet 	*Thoeris*   
Sechmet   	*Wadjet*   

117

DIE SYMBOLE

Amulette, Zepter und Kronen

Das Ankh-Zeichen

symbolisiert das Leben und den Lebensatem

Das Chen-Zeichen

symbolisiert »das, was die Sonne umkreist«, d. h. das Universum

Der Djed-Pfeiler

steht für Stabilität und Dauer

Das Herzsymbol Ib

steht für Intelligenz und Bewusstsein

Der magische Knoten (Isisknoten)

garantiert Schutz in allen Lebenslagen

Das Sistrum der Hathor

Symbol der Musik, der Feste und der heiligen Riten

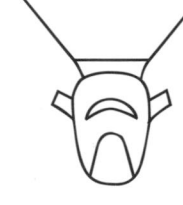

Der Skarabäus Cheper

symbolisiert die Existenz schlechthin

Der Papyrus

symbolisiert Fruchtbarkeit und Lebenskraft

Das Wedjat-Auge (Auge des Horus)

symbolisiert Gesundheit, Integrität und Wohlstand

Das Goldzeichen Noub

symbolisiert die unzerstörbare Natur des göttlichen Leibes

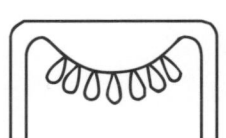

Das Heqa-Zepter (Krummstab)

Insignie des *Osiris* und des Pharao

Die Geißel (Peitsche)

Insignie des *Osiris* und des Pharao

Das Uas-Zepter (Stab mit Hundekopf)

Insignie der Götter

Das Emblem mit der doppelten Feder (doppelter Pfeil)

symbolisiert den Orient und die Länder im Osten

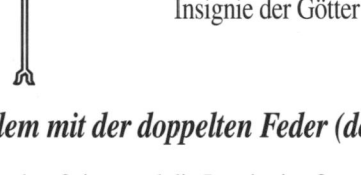

Die Feder auf dem Mast

symbolisiert den Okzident und die Länder im Westen

Das Sema-Taui

steht für die Einheit der beiden Königreiche

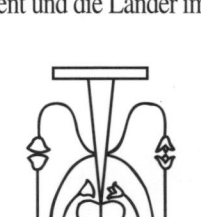

Das Banner

Symbol der Göttlichkeit

Die Kartusche

Symbol der Weltherrschaft des Pharao

Die Feder der Maat

steht für Wahrheit und Gerechtigkeit

Der Obelisk

symbolisiert den Sonnenstrahl im Sonnenkult

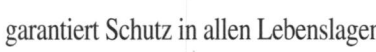
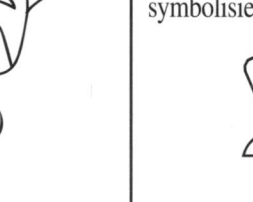

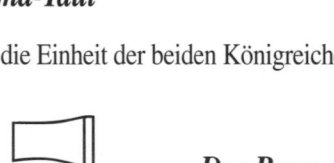

Amun

umgekehrter Mörser mit zwei langen Federn und der Sonnenscheibe

Bes

Kopfschmuck mit vier langen Federn

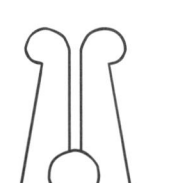

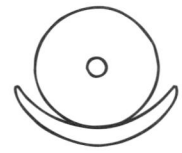

Chnum

Kopfschmuck aus zwei Widderhörnern mit zwei langen Federn und der Sonnenscheibe

Chons

Krone aus Mondsichel und Sonnenscheibe

Ha

Kopfschmuck mit Symbol der Fremde und Wüste

Hapi

Kopfschmuck in Form eines Papyrusstraußes

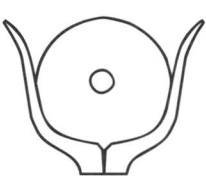

Harachte

Kopfschmuck mit Kobra und Sonnenscheibe

Hathor

Krone aus zwei Kuhhörnern mit der Sonnenscheibe

Horus

Pschent-Krone von Ober- und Unterägypten

Isis

Krone in Form eines Thrones (Symbol der *Isis*)

Maat

Kopfschmuck aus einer einzelnen Straußenfeder

Min

Kopfschmuck aus zwei langen Federn (Variante der *Amun*-Krone)

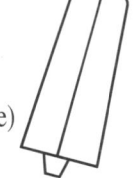

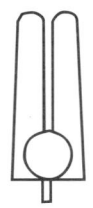

Month

Kopfschmuck aus zwei Federn mit der Sonnenscheibe (Variante der *Amun*-Krone)

Nechbet

weiße Krone von Oberägypten

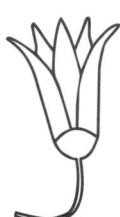

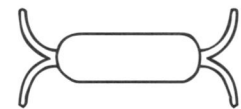

Nefertem

Kopfschmuck in Form einer einzelnen Lotosblüte

Neith

Kopfschmuck in Form von zwei Pfeilen im Köcher (Symbol der *Neith*)

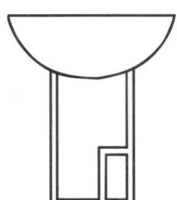

Nephthys

Kopfschmuck aus dem Grundriss eines Hauses und einem Korb (Symbol der *Nephthys*)

Osiris

weiße Krone des Südens kombiniert mit zwei Federn (genannt *Atef*-Krone)

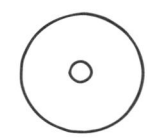

Re

Kopfschmuck in Form einer Sonnenscheibe

Selket

Kopfschmuck in Form eines Skorpions

Seschat

Kopfschmuck aus einer siebenarmigen Rosette, mit einem umgekehrten Bogen (Symbol der *Seschat*)

Sobek

Krone aus Widderhörnern, zwei Federn, der Sonnenscheibe und zwei Kobras

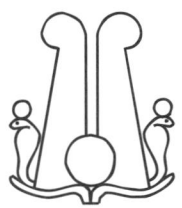

Sothis

Kopfschmuck in Form eines Sterns (Symbol der *Sothis*)

Wadjet

rote Krone Unterägyptens

LEXIKON DER GOTTHEITEN

Aker – Eine uralte Personifikation der Erde und der Unterwelt in Form einer doppelten Sphinx oder eines langen Erdstreifens mit einem Kopf an jedem Ende. *Aker* wacht über das Kommen und Gehen der Verstorbenen am Eingang zur Unterwelt und kann sich diesen gegenüber sowohl wohlwollend als auch drohend zeigen.

Amaunet – Ihr Name bedeutet *»das, was man nicht sehen kann«* oder *»das Verborgene«*. Sie formt zusammen mit *Amun* eines der vier Urpaare, die dem Schöpfungsmythos von Hermupolis zufolge der eigentlichen Schöpfung vorausgingen. In dieser Überlieferung gelten *Amun* und *Amaunet* nicht als Gottheiten, sondern als Verkörperungen der Leere und der räumlichen Unbestimmtheit.

Amun – Er stammt ursprünglich aus **Theben** und wird im Mittleren Reich zum Gott des Reiches und der Dynastie. Sein Haupt-Kultort ist in **Theben** (**Karnak** und **Luxor**), wo er zusammen mit der Göttin *Mut* und dem Sohn-Gott *Chons* verehrt wird.

Anubis – Der Gott der Toten tritt auf als Schakal oder als schakalköpfiger Mann. Er soll die Mumifizierung erfunden haben und überwacht in dieser Funktion den Prozess der Einbalsamierung. Als logische Folge daraus ist er auch der Schutzherr der Nekropolen.

Anukis – Die Tochter-Göttin der Triade von *Elephantine* ist zusammen mit *Chnum* und *Satet* die Schutzherrrin der Nilquellen und des ersten Katarakts. Sie erscheint als Frau mit einer Krone aus Federn, manchmal in Begleitung einer Gazelle, einem Tier, das mit dem Nil in Verbindung steht.

Apis – Der heilige Stier von **Memphis** gilt als der Repräsentant des *Ptah* auf Erden. Manchmal steht er ebenfalls mit *Osiris* und *Re* in Verbindung; dann übernimmt er deren mit Himmel und Totenreich verbundene Charakteristika. Heilige Stiere werden mumifiziert und in einer besonderen, Serapeum genannten, Nekropole bestattet.

Apophis – Die unheilbringende Riesenschlange verkörpert das Chaos und die Macht des Bösen und der Zerstörung.

Aton – Die Verkörperung der Sonne par excellence. Obwohl sein Name seit dem Alten Reich bekannt ist, kommt er erst während der 18. Dynastie zu größerer Bedeutung, wo er von Pharao *Echnaton* zum alleinigen Gott der Dynastie erhoben wird.

Atum – Einer der drei Aspekte des Sonnen- und Schöpfergottes von **Heliopolis**. *Atum* ist die untergehende Sonne, während *Re* und *Chepre* die Sonne am Zenit und am frühen Morgen verkörpern.

Bastet – Diese in **Bubastis** im Nildelta verehrte Katzengöttin verkörpert die friedlichen Eigenschaften der gefährlichen Göttinnen. Ihr Name bedeutet Freude und Wohlstand, woraus sich die außerordentliche Beliebtheit ihres Kultes erklärt.

Bes – Dieser beim Volk sehr beliebte und freundliche Schutzgeist ist der Beschützer der Frauen und Kinder. Mit seinen fürchterlichen Grimassen und grotesken Tänzen soll er die bösen Geister und negativen Einflüsse von den Häusern fernhalten.

Chepre – Ein Aspekt des Sonnen- und Schöpfergottes von **Heliopolis** in der Gestalt eines Skarabäus. *Chepre* verkörpert die aufgehende Sonne, während *Re* die Sonne am Zenit und *Atum* die untergehende Sonne darstellt.

Chnum – Dieser widderköpfige Gott wird an verschiedenen Orten verehrt. In **Elephantine** wacht er zusammen mit *Satet* und *Anukis* über den Katarakt und die Nilquellen. In **Esna** erscheint er als Schöpfergott, indem er die Welt und ihre Lebewesen auf seiner Töpferscheibe formt.

Chons – Als *»der Wandernde«* oder *»der Reisende«* ist er die Verkörperung des Mondes. In der 18. Dynastie war er in der thebanischen Triade der Sohn des *Amun* und der *Mut*.

Geb – Er symbolisiert die Erde und den Reichtum des Bodens. Zusammen mit *Nut*, dem Himmel, bildet *Geb* das zweite göttliche Paar des Schöpfungsmythos von **Heliopolis**.

Hapi – Er ist die Personifikation der jährlichen Nilflut und der Garant der Fruchtbarkeit des Ackerlandes. Als Fruchtbarkeitsgottheit ist *Hapi* von androgyner Gestalt, mit dickem Bauch und Hängebrüsten.

Harachte – *»Horus* am Horizont« ist eine der Erscheinungsformen des Schöpfergottes von **Heliopolis**.

Harmachis – *»Horus* am Horizont« ist eine Sonnengottheit, die von der Sphinx von **Gizeh** verkörpert wird.

Haroeris – *»Horus* der Große« ist der Falkengott von **Kom Ombo**. Er spielt eine wichtige Rolle bei der Verteidigung des Sonnengottes *Re*. Manchen Traditionen zufolge steht er mit dem Mythos von **Heliopolis** in Verbindung, wo er als *»Horus* der Alte« eines der fünf Kinder von *Geb* und *Nut* ist.

Harpokrates – *»Das Horuskind«* als Sohn der *Isis* und des *Osiris*. Im Gegensatz zu *Horus*, der aufwachsen muss, bleibt *Harpokrates* ewig Kind und ist in dieser Eigenschaft das Symbol der Kindheit.

Hathor – Eine der populärsten und meistbeschäftigten Göttinnen des ägyptischen Pantheon. So ist sie ist u. a. Göttin der Schönheit, der Liebe und der Freude, Schutzherrin der thebanischen Nekropole, Himmelsgottheit, Herrin der fremden Länder und Amme des Königskindes. Aufgrund ihrer immensen Beliebtheit übernahm sie im Laufe der Zeit die Charakterzüge auch anderer Göttinnen, darunter besonders der *Isis*.

Heqet – Diese Göttin mit dem Kopf eines Frosches gilt in **Antinoe** als Gattin des Schöpfergottes, des Töpfers *Chnum*. Sie ist ihrem Gatten während der Theogamie, wo der Gott mit der königlichen Ehefrau den zukünftigen Kronprinzen zeugt, behilflich, indem sie bei der Formung des kindlichen Körpers mitwirkt.

Horus – Er ist der Sohn der *Isis* und des *Osiris*, der von seinem Großvater *Geb* das irdische Königreich erbt. Damit ist *Horus* der dynastische Gott schlechthin und der Schutzherr der Königswürde. Darüber hinaus ist er ein Sonnen- und Himmelsgott und als dieser der Gatte von *Hathor*.

Hurun – Diese Gottheit stammt ursprünglich aus **Kanaan** und verschmolz später mit *Harmachis*, der Sphinx von **Gizeh**.

Isis – Sie ist Schwester und Gattin des *Osiris*, Mutter des *Horus* und durch ihre starke Persönlichkeit im Besitz verschiedener Rollen: Beschützerin von Frauen und Kindern, mächtige Magierin, Wächterin über die Mumien der Verstorbenen und Universalgöttin ...

Khentimentiu – Wie fast alle hundeartigen Gottheiten steht der Schakalgott mit dem Tod in Verbindung. Anfangs ist er sowohl Gott des Jenseits als auch Schutzherr der Nekropole von **Abydos**; diese Funktion wurde ihm jedoch ab dem Ende des Alten Reiches von *Osiris* streitig gemacht, so dass er von da an nur noch als Attribut des großen Gottes erscheint.

Maat – Sie symbolisiert die Wahrheit und die Gerechtigkeit, sorgt für das kosmische Gleichgewicht und die

Erhaltung der Weltordnung. Im Seelengericht des Jenseits wiegt sie das Herz des Toten gegen eine ihrer Federn auf. Sie ist die Verkörperung des Gesetzes, das sowohl Menschen als auch Götter respektieren müssen.

Min – Der Gott der Fruchtbarkeit, der in dieser Rolle eine der Personifizierungen des Reichsgottes *Amun* darstellt. In **Coptos** und **Achmim** fungiert er als der Schutzherr der Karawanen und der östlichen Wüstenstraßen.

Mnevis – Ein Falkengott aus **Theben**, der die unüberwindliche Kraft des Kriegers verkörpert.

Mut – In der Region von **Theben** erscheint die Geiergöttin als Schwester und Gattin des *Amun* und Mutter des Gottes *Chons*. Manchmal übernimmt sie auch den Charakter der kriegerischen Löwengöttinnen wie z. B. der *Sechmet*.

Nechbet – Sie ist die Geiergöttin von **El-Kab** und die Schutzpatronin von Oberägypten.

Nefertem – Er ist der ursprüngliche Lotos, auf dem die Sonne zu Beginn der Zeiten dem Urozean entstieg. Er steht mit verschiedenen Göttern in Verbindung: In **Memphis** ist er der Sohn des *Ptah* und der *Sechmet*, in **Bubastis** der der Katze *Bastet* und in **Buto** der Sohn der Kobragöttin *Wadjet*.

Neith – Sie ist die kriegerische Herrin von **Sais** und die Schöpfergottheit von **Esna**. Im Jenseits wacht sie zusammen mit *Isis*, *Nephthys* und *Selket* über die Kanopen mit den Eingeweiden des Toten.

Nephthys – Sie ist zusammen mit *Osiris*, *Horus* dem Alten, *Seth* und *Isis* Mitglied der letzten Generation in der Schöpfungsgeschichte von **Heliopolis**. Sie wacht in erster Linie über die Kanopen des Verstorbenen im Jenseits.

Nun – In den verschiedenen Kosmogonien ist es der Urozean, der der Schöpfung vorausging, die Verkörperung des Nichts: »*Bevor der Himmel existierte, bevor die Erde existierte, bevor die Menschen existierten, bevor der Tod existierte*«, gab es nur das *Nun*.

Nut – Sie verkörpert das Himmelszelt. In der Kosmogonie von **Heliopolis** bildet sie zusammen mit *Geb*, der Erde, das zweite göttliche Paar. Die alltägliche und allnächtliche Reise der Sonne über den Himmel vollzieht sich in und auf dem Körper der Nut, dem Symbol der Domäne der Sonne.

Osiris – Er ist der Herr des Jenseits im ägyptischen Pantheon und spielt in seiner Funktion als wiederauferstandener Gott eine essenzielle Rolle für die alljährliche Erneuerung der Vegetation. Jeder Verstorbene versucht im Jenseits, ihm gleich zu werden und in sein Reich zu gelangen, denn nur er kann das ewige Leben garantieren.

Ptah – Er war anfangs der Schutzpatron der Handwerker und Künstler und galt als Erfinder dieser Techniken. Später entwickelte er sich zum Schöpfergott von **Memphis**, wo er in der Triade mit *Sechmet* und *Nefertem* verbunden war. Bald gewann er noch die Persönlichkeit des *Sokar* und des *Tatenen* hinzu und wurde jeweils zu *Ptah-Sokar-Osiris* und zu *Ptah-Tatenen-Osiris*.

Re – Er ist die Sonne schlechthin und die wichtigste Gottheit im ägyptischen Pantheon. Sein Haupt-Kultort befindet sich in **Heliopolis**, doch er wird über ganz Ägypten unter verschiedenen Namen verehrt, z. B. *Re-Harachte*, *Amun-Re*, *Re-Atum* und *Sobek-Re*.

Renenutet – In Gestalt einer Schlange oder einer schlangenköpfigen Frau gilt *Renenutet* als die Mutter der Getreidegottheit *Nepri*. Man verehrt sie besonders in der Oase von **Fajjum** als Göttin der Ernte.

Satet – Sie ist zusammen mit *Chnum* und *Anukis* Wächterin der Nilquellen und des ersten Katarakts.

Schu – Er bildet mit *Tefnut* das erste göttliche Paar der Kosmogonie von **Heliopolis**. Beide entsprangen direkt dem Sonnengott und erlauben diesem wiederum durch ihre Natur, sich zu entfalten. *Schu* ist die Personifikation der Luft und des Lebensatems.

Sechmet – Diese Göttin in Löwengestalt oder mit Löwenkopf ist das Auge der Sonne und die Verkörperung der destruktiven Kraft. In **Memphis** ist sie in der Triade mit *Ptah* und *Nefertem* verbunden; in **Theben** verschmilzt sie mit der Göttin *Mut* und wird so zur heilkräftigen Gottheit.

Selket – Auf Erden hat die Skorpiongöttin *Selket* Heilkräfte bei Giftbissen und Insektenstichen. Im Jenseits wacht sie zusammen mit *Isis, Nephthys* und *Neith* über die Kanopen mit den Eingeweiden des Verstorbenen.

Serapis – Er wurde in **Alexandria** von den Königen der Ptolemäerdynastie geschaffen, um den Interessen des neuen Regimes Rechnung zu tragen. Er ist der Gott der Dynastie und der Stadt **Alexandria**. Parallel dazu ist er der Gott der Fruchtbarkeit und des Jenseits, und vor allem der große Heiler des Reiches.

Seschat – Sie ist die Gefährtin des *Thot*, die Herrin der Mathematiker und Wissenschaftler und der Schriftkunst. Sie führt die Annalen der Welt, auf denen alle wichtigen Ereignisse und die Regierungszeiten der Könige verzeichnet sind.

Seth – Dieser Gott mit dem Kopf eines Fabeltiers hat viele Facetten, sowohl positive als auch negative. Er ist zugleich der Verteidiger der Sonnenbarke und der Mörder seines Bruders *Osiris*. In der Epoche des Niedergangs symbolisierte er »den Fremden« oder »den Eindringling« und verkörperte die Macht des Bösen, die Unordnung und die Rebellion.

Sobek – Der Krokodilgott hat mehrere Kultorte, von denen die bekanntesten sich in **Kom Ombo** und **Fajjum** befinden. Er spielt entweder die Rolle des Schöpfergottes oder er ist der Beschützer der Menschen gegen die wilden Tiere und feindlichen Mächte, die im Nil oder in den Sumpfgebieten lauern.

Sokar – Zu Anfang teilt er sich mit *Ptah* die Rolle des Schutzherrn der Handwerker, seine Domäne sind dabei die Schmiede und Metallarbeiter. Bald jedoch verschmilzt er mit *Ptah* und wird unter dem Namen *Ptah-Sokar-Osiris* zum Herrn der Nekropole von **Memphis**.

Sopdu – Diese Falkengottheit wird besonders im Nildelta verehrt. Er ist der Schutzherr der Ostgrenzen Ägyptens und der Straßen in den **Sinai**.

Sothis – Sie ist die Verkörperung des Hundssterns Sirius und steht dadurch mit der Nilflut, der Fruchtbarkeit und dem Ursprung der Welt in Verbindung.

Tatenen – Er ist eine sehr alte Gottheit. Anfangs ist er der Demiurg der Stadt **Memphis** und verkörpert den Erdhügel, der sich am Anfang der Welt aus dem *Nun* erhob. Später verschmilzt er mit *Ptah* unter dem Namen *Ptah-Tatenen*.

Tefnut - In der Tradition von **Heliopolis** ist sie die Tochter des *Re* und bildet zusammen mit *Schu* das erste göttliche Paar. Sie verkörpert die kosmische Ordnung und die Hitze, ohne die der göttliche Vater sich nicht offenbaren kann. Sie wird auch die »Furcht erregende« genannt und erscheint in dieser Rolle in der Form der gefährlichen Löwengöttinnen.

Thoeris – Sie hat kein eigenes Heiligtum, doch sie wird in allen Haushalten Ägyptens als die Beschützerin der Schwangeren, der Gebärenden und der Kinder verehrt.

Thot – Er erscheint entweder als Ibis oder als Pavian. Seine Funktionen sind vielfältig und seine Macht schier unerschöpflich: Er ist der Gott des Mondes, der Erfinder der Schrift und der Wissenschaften, der Schutzherr der Schreiber, der Verwalter des Wissens und der Bote und Schriftführer der Götter. Im Jenseits notiert er das Wiegeergebnis des Seelengerichts auf seinen geweihten Schrifttafeln.

Upuaut – In der Stadt **Assiut** ist »*er, welcher den Weg freimacht*« eine Schakalgottheit des Jenseits, in **Abydos** steht er direkt mit dem *Osiris*kult in Verbindung.

Vier Söhne des Horus – Sie sind die »Herren der vier Himmelsrichtungen« und die Wächter der Kanopen des Verstorbenen: *Amset* ist der Geist des Südens, *Duamutef* des Ostens, *Hapi* des Nordens und *Qebsenuf* des Westens.

Wadjet – Sie ist die Kobragöttin von **Buto** und die Schutzpatronin von Unterägypten.

GLOSSAR

Amulett – Dies sind kleine Schutzsymbole, die von den Lebenden als Anhänger um den Hals getragen werden und den Toten zwischen die Mumienbandagen gesteckt werden. Sie können aus allen möglichen Materialien bestehen, z. B. aus Keramik, Gold, Edel- oder Halbedelsteinen, Silber oder Bronze. Es sind entweder Figurinen von Gottheiten oder besonders wirksame Hieroglyphenzeichen: der **Djed**-Pfeiler (Dauer und Stabilität), das **Wedjat**-Auge (Wohlstand), das **Ankh**-Symbol (Leben), der **Kheper**-Skarabäus (die Existenz schlechthin) oder der **Isis-Knoten** (Schutz in allen Umständen).

Ba – Diese spirituelle Einheit ist eine Form der Seele des Menschen, dargestellt durch einen Vogel mit Menschenkopf. Nach dem Tode verlässt dieser den Körper und streift selbstständig frei umher: So hält sich Ba entweder in der Grabkammer in der Nähe der Mumie oder im Grabtempel auf, wo er die Speiseopfer der Angehörigen entgegennimmt. Er ist aber auch in der Lage, die alten Lieblingsplätze des Verstorbenen wieder aufzusuchen.

Demiurg – Das Wort für den Schöpfergott in einem kosmogonischen System: Er nennt sich z. B. *Re* in **Heliopolis**, *Ptah* in **Memphis**, *Chnum* oder *Neith* in **Esna**, *Amun* in **Theben** und *Sobek* in **Crocodilopolis**.

Duat - Die altägyptische Bezeichnung für das Jenseits bzw. die Unterwelt.

Dromos – Der griechische Name für die oft von Sphinxen oder ruhenden Löwen flankierte Allee, die als Verlängerung der Tempelachse entweder zu einem anderen religiösen Bauwerk oder einer Anlegestelle am Nil führt.

Einbalsamierung – Die Erfindung und Anwendung der Mumifizierung folgt einer sehr präzisen Logik. In Ägypten gilt der Tod nicht als das Ende, sondern als Übergang in eine andere Form der Existenz. Dieser gestaltet sich nicht ungefährlich, denn nach dem Tode trennen sich die verschiedenen Elemente der menschlichen Natur (der Ka, der Ba, der Name, der Körper und das Herz) und gehen ihre eigenen Wege. Erst, wenn es gelingt, sie alle wieder zu vereinen, ist ein neues Leben möglich. Es ist daher in der Zwischenzeit unumgänglich, den Körper zu konservieren, denn ihn zu verlieren, hieße, alle Hoffnung auf ein ewiges Leben fahren zu lassen. So entwickelt sich die Technik der Mumifizierung, bei der der Körper zunächst ausgeweidet und dann für 70 Tage zur Austrocknung in Natronsalz gelegt wird. Anschließend wäscht und parfümiert man ihn und wickelt ihn in Leinenbinden, zwischen die man Schutzamulette legt. Die Eingeweide werden separat in vier **Kanopen** unter dem Schutz der *Vier Söhne des Horus* aufbewahrt.

Geist – Die alten Ägypter bezeichnen all jene Wesen der Unterwelt, die die Toten beim Erreichen des Königreiches von *Osiris* behindern, als Geister. Es sind Ausgeburten des Chaos, boshafte, aber untergeordnete Fabelwesen, die oft mit Messern und Spießen bewaffnet auf die Toten losgehen. Sie drücken sich zu Hunderten um die Grabstätten herum, aber man kann sie leicht unschädlich machen, indem man sie bei ihrem Namen nennt und die richtigen Formeln aufsagt. Diese findet man in den sehr detaillierten Anweisungen, die dem Verstorbenen stets mit ins Grab gegeben werden, damit dieser im Jenseits nicht wehrlos ist.

Heilige Tiere – In Ägypten wird jedes Tier als Verkörperung der guten oder bösen göttlichen Macht betrachtet. So erklärt sich die große Verbreitung der Tierkulte, z. B. besonders die des Krokodils (*Sobek*), des Ibis' oder Pavians (*Thot*), der Katze (*Bastet*), des Stiers (*Apis*), des Falken (*Horus*) und des Schakals (*Anubis*).

Herr der Welt – Dies ist die Bezeichnung des Schöpfergottes in der Kosmogonie von **Heliopolis**. Es handelt sich dabei um das Sonnengestirn schlechthin, das sich je nach Aspekt *Atum, Chepre* oder *Re* oder auch *Re-Atum-Chepre, Re-Atum* oder *Atum-Chepre* nennt.

Hieracocephalus – Die Bezeichnung für alle Falkengottheiten. Der berühmteste Falkengott im ägyptischen Pantheon ist *Horus*: Ihm zu Ehren nannten die Griechen dessen Geburtsstadt *Hierakonpolis*.

Hypogeum - Jede Art von Grabstätte, königlich oder zivil, die in den Felsen gehauen wurde.

Ka - Das Konzept des Ka ist schwer zu definieren, da sich in unserer Sprache keine direkten Entsprechungen dafür finden. Man könnte den Ka als eine Manifestation der erhaltenden und kreativen Lebensenergien umschreiben, die den körperlichen Tod überdauern. Die Nahrungsopfer und Totenformeln sind an den Ka gerichtet, der somit als jenes Element auftritt, das dem Toten ein Weiterbestehen im Jenseits ermöglicht.

Kanopen – Die Eingeweide des Verstorbenen werden extra einbalsamiert und in vier Gefäßen aus Alabaster oder Kalkstein, den so genannten Kanopen, aufbewahrt, die sich unter dem Schutz von vier Göttern – den *vier Söhnen des Horus* – und vier Göttinnen befinden. *Amset* mit dem Menschenkopf wacht mit *Isis* über die Leber; *Hapi* mit dem Paviankopf wacht mit *Nephthys* über die Lungen; *Duamutef* mit dem Schakalkopf wacht mit *Neith* über den Magen und *Qebsenuf* mit dem Falkenkopf wacht mit *Selket* über den Darm.

Kartusche – Diese langgezogene Schlaufe symbolisiert die Weltherrschaft des Pharao und umrahmt den vierten und fünften Herrschertitel, den **Namen des Königs über Ober- und Unterägypten** und den **Namen des Sohnes des Re**.

Königstitel – Der Name des Königs besteht aus fünf bei der Thronbesteigung angenommenen Titeln: (1) dem **Namen des Horus**, (2) dem **Namen der beiden Herrinnen**, (3) dem **Namen des Goldenen Horus**, (4) dem **Namen des Königs von Ober- und Unterägypten** und (5) dem **Namen des Sohnes des Re**.

Kopfschmuck – Die Mehrheit der Götter trägt einen besonderen Kopfschmuck, an dem man sie erkennen kann. Andernfalls ist es oft schwierig, sie genau zu identifizieren. So trägt z. B. *Osiris* die mit zwei langen Federn flankierte **Atef**-Krone; *Horus* die **Pschent**-Krone, eine Mischung aus den Kronen Ober- und Unterägyptens; *Isis* trägt einen Kopfschmuck in Form eines Thrones, der auch ihr Hieroglyphenzeichen ist; *Maat* und *Schu* sind mit einer Straußenfeder geschmückt und *Selket* trägt eine Skorpionsfigur auf dem Kopf.

Kosmogonie – Ein mythologischer Bericht, der von der Erschaffung der Welt und der Organisation ihrer Erscheinungen – z. B. Himmel, Erde und Gestirne – berichtet. Viele religiöse Zentren Ägyptens verfügen über eigene Kosmogonien, darunter **Heliopolis, Memphis, Esna, Theben** und **Hermupolis**. In jedem erscheint ein Schöpfergott, der Demiurg, der die Schöpfung auf unterschiedliche Art ins Leben ruft; so erschafft z. B. *Ptah* »durch den Gedanken und das Wort«, während *Chnum* die Welt auf seiner Töpferscheibe formt.

Kosmografie – An den Wänden ihrer Grabstätten wird die Welt so dargestellt, wie die alten Ägypter sie sich vorstellten. In diesen so genannten Kosmografien werden sowohl das Niltal als auch die Unterwelt abgebildet. In manchen Gräbern im Tal der Könige finden sich sehr vollständige Beschreibungen, die in den so genannten »Totenbüchern« zusammengefasst sind: z. B. dem »**Buch dessen, was sich im Duat befindet**« und dem »**Buch der Türen**«.

Naos – Dieses Wort bezeichnet zwei verschiedene Dinge: zum einen das steinerne Tabernakel, das die Statue des Gottes enthält, und zum anderen den Raum – auch »**Allerheiligstes**« genannt – in dem sich das Tabernakel befindet.

Nome – Der griechische Name für die administrativen Bezirke des Niltals. Innerhalb von dreißig Jahrhunderten waren Anzahl, Abmessungen und Bezeichnungen dieser Nome im Zuge der vielfältigen politischen und sozialen Reformen einer ständigen Metamorphose unterworfen. Immer jedoch bildete der **Nome** eine wirtschaftliche und steuerliche Einheit mit eigenen Tempeln, Göttern und Gesetzen.

Osirislegende – Dies ist der berühmteste Mythos in der gesamten ägyptischen Literatur. Leider ist uns die vollständige Fassung der **Osirislegende** nur durch das Werk »*Von Isis zu Osiris*« des griechischen Schriftstellers **Plutarch** bekannt. Die überlieferten ägyptischen Texte sind alle sehr fragmentiert und weisen zahlreiche Lücken auf. Die Legende ist ein Teil der Tradition von **Heliopolis** und wurde in drei Abschnitte unterteilt: **Seths** Mord an *Osiris*, die Geburt und Kindheit des *Horus* und der Kampf zwischen *Horus* und *Seth* um den irdischen Königsthron.

Psychostasie – Dieses griechische Wort bedeutet »Wiegen der Seele« und nimmt Bezug auf das 125. Kapitel des »**Totenbuches**«, in dem der Verstorbene von *Anubis* dem Totengericht vorgeführt wird, bei dem sein Herz mit einer Feder der *Maat* aufgewogen wird. Das von *Thot* überwachte Ergebnis dieser Wiegung entscheidet, ob der Verstorbene ins Königreich des *Osiris* aufgenommen wird. Am Fuß der Waage befindet sich ein Ungeheuer, genannt »*Die große Seelenfresserin*«, die den Toten im Falle eines negativen Urteils verschlingt.

Pyramidentexte – Die Grabtexte, mit denen gegen Ende des Alten Reiches die Wände der Grabkammern in den Pyramiden ausgeschmückt wurden. Das älteste Beispiel entstammt der Epoche des *Unas*, des letzten Königs der 5. Dynastie. Der Brauch wurde von allen Königen der 6. Dynastie weitergeführt, verschwand jedoch in den Wirren der Ersten Zwischenperiode. Es handelt sich bei den »**Pyramidentexten**« um magische Formeln, Hymnen und religiöse Gesänge, die dem König zur Unsterblichkeit verhelfen und ihm ermöglichen sollen, sich mit dem Sonnengott zu identifizieren.

Sarkophagtexte – Im Gegensatz zu den »**Pyramidentexten**«, die allein dem König vorbehalten waren, befanden sich die »**Sarkophagtexte**« in den bürgerlichen Gräbern des Mittleren Reiches. Als Folge einer Demokratisierung der Bestattungsbräuche war es nun auch dem Bürger erlaubt, sich mit *Osiris* zu identifizieren und im Jenseits zu einem Gott zu werden.

Schrift – Die alten Ägypter bedienten sich drei verschiedener Arten der Schrift. Die **Hieroglyphenschrift** ist sakralen Zwecken vorbehalten und hebt sich durch die bemerkenswerte Feinheit ihrer Ausführung hervor. Die zwei einfacheren, im täglichen Leben verwendeten Versionen sind zunächst die **hieratische** und später, ab dem 7. Jahrhundert v. Chr., die **demotische** Schrift.

Sema-taui – Dieser ägyptische Begriff bedeutet »*die Vereinigung der beiden Länder*« und wird ikonographisch dargestellt durch die beiden Emblempflanzen Ober- und Unterägyptens, den Lotos und den Papyrus, die entweder von *Horus* und *Seth* oder von zwei *Hapi*-Figuren um die Luftröhre/Arterie eines Tieres gewickelt werden. In der Hieroglyphenschrift bedeutet Luftröhre/Arterie »vereinigen«. Das **Sema-taui** ist somit das Emblem des vereinigten Ober- und Unterägypten.

Serekh – Die Bezeichnung für ein Rechteck in Form einer Palastfassade, auf der ein Falke thront. Darin befindet sich der erste Titel des Königs: der **Name des Horus**.

Sphinx – Der Löwe mit dem Menschenkopf ist das Symbol des Königs oder der Sonnengottheit. Als Inkarnation des Pharao soll er das Reich vor Feinden beschützen. Als Repräsentant des Sonnengottes wacht er über den Westen – die Richtung, in der die Sonne untergeht und die Verstorbenen die Erde verlassen. Die Sphinx von **Gizeh** gehört der letzteren Kategorie an: Sie ist *Harmachis*, »*Horus* am Horizont«, und *Hurun*, die kanaanitische Gottheit, die ab Beginn des Neuen Reiches mit *Harmachis* verschmolz.

Stele – Eine monolithische Steinsäule, oft aus Kalkstein, auf der sich die verschiedensten Inschriften befinden können: z. B. Erlasse, offizielle Mitteilungen, Bestattungsformeln oder Listen von Opfergaben. Manchmal sind es auch so genannte Erinnerungsstelen, Votivgaben, die von den Gläubigen in den Tempeln deponiert wurden, entweder am Ende einer Pilgerfahrt oder als Dank an die Gottheit für die Erfüllung einer Bitte.

Totenbuch – Ab dem Beginn des Neuen Reiches tauchen in den Grabstätten zahlreiche Texte auf, deren Sammeltitel eigentlich »**Buch für die Reise in den Tag**« bedeutet. Die Gesamtheit dieser Texte, die oft von illustrativen Vignetten begleitet sind, stellt ein Kompendium von Zauberformeln dar, das dem Toten im Jenseits volle Bewegungsfreiheit erlauben und ihm all das an die Hand geben soll, was er zur Bewältigung des Weges in das Königreich des *Osiris* gebrauchen würde. Die Papyrusrollen mit ausgewählten Kapiteln des **Totenbuches** wurden entweder in den Sarkophag gelegt oder direkt zwischen die Mumienbinden gesteckt. Von den zahlreichen gefundenen Exemplaren ist keines identisch; viele enthalten Kapitel, die nirgendwo anders vertreten sind. Bis heute sind uns 190 Kapitel bekannt, die von I bis CXC durchnummeriert wurden.

Triade – Die Gruppierung von drei Gottheiten nach dem Schema einer Familie: Gott, Göttin und Sohngott oder Tochtergöttin. Die bekanntesten Triaden sind die von **Memphis** mit *Ptah, Sechmet* und *Nefertem*; von **Theben** mit *Amun, Mut* und *Chons*; von **Elephantine** mit *Chnum, Satet* und *Anukis* und von **Abydos** mit *Osiris, Isis* und *Horus*.

Uräus – Die Kobragöttin (in der Legende von **Heliopolis** das Auge des *Re*) die den königlichen Kopfschmuck ziert und diesen zu allen Zeiten beschützen, »*selbst in der Nacht, wenn er schläft*«, und seine Feinde vertreiben soll.

Ushebti (Schauabti) – Eine Statuette in Form einer Mumie, die im Jenseits als Stellvertreter für den Toten die anfallenden täglichen Aufgaben erledigt. Auf seinem Körper befinden sich die folgenden Worte: »*Oh Ushebti! Wenn X (der Verstorbene) gerufen wird, um eine der Arbeiten auszuführen, die im Jenseits von ihm verlangt werden – so rufe du: Ich bin da!*« Sie erscheinen während des Mittleren Reiches und können je nach Status des Verstorbenen aus Holz, Bronze, Keramik, Stein oder Terrakotta bestehen. Zuweilen befinden sich Hunderte von ihnen in einem Grab.

Zepter – Dieses Attribut von Göttern, Pharaonen und Adligen demonstriert die Qualitäten und Funktionen des Trägers. Die bekanntesten göttlichen Zepter sind das **Heqa**-Zepter (der Krummstab) und das **Flagellum** (die Geißel) für den Gott *Osiris*; das **Uadj**-Zepter (ein Stab in Form eines Papyrus) für die Göttinnen und das **Uas**-Zepter (hundeköpfiger Stab) für die Götter.

CHRONOLOGIE

THINITISCHE EPOCHE
3150 bis 2686 v. Chr.

1. Dynastie   Narmer
Aha
Djer
Djet
Dewen
Adjib
Semerchet
Qaa

2. Dynastie   Hetepsechemui
Nebre
Ninetjer
Seth-Peribsen
Chasechemui

ALTES REICH
2686 bis 2181 v. Chr.

3. Dynastie   Djoser
Sechemchet
Chabai
Huni

4. Dynastie   Snofru
Cheops
Djedefre
Chephren
Mykerinos
Schepseskaf

5. Dynastie   Userkaf
Sahure
Neferirkare
Schepseskare
Nefrerefe
Niuserre
Menkauhor
Diedkare Asosi
Unas

6. Dynastie   Teti
Pepi I.
Merenre
Pepi II.

ERSTE ZWISCHENPERIODE
2181 bis 2060 v. Chr.

7. Dynastie   *(völlig unbekannt)*

8. Dynastie   *(aus Memphis)*
Uadjkare
Qakare-Ibi

9. und 10. Dynastie *(aus Herakleopolis)*
Cheti I. Meribre
Merikare
Neferkare
Cheti II. Nebkaure

11. Dynastie *(aus Theben; parallel zum Ende der 10. Dynastie)*
Mentuhotep I.
Antef I.
Antef II.
Antef III.

MITTLERES REICH
2060 bis 1782 v. Chr.

11. Dynastie   Mentuhotep II.
Mentuhotep III.
Mentuhotep IV.

12. Dynastie   Amenemhet I.
Sesostris I.
Amenemhet II.
Sesostris II.
Sesostris III.
Amenemhet III.
Amenemhet IV.

ZWEITE ZWISCHENPERIODE
1782 bis 1570 v. Chr.

13. Dynastie *(ägyptische Dynastie, während der die aus Ägypten stammenden Könige noch über beide Königreiche zu herrschen schienen; die Reichshauptstadt befand sich in Iti-Taui in der Oase von Fajjum)*
Ugaf
Ameni Antef IV.
Hor
Sobekhotep II.
Chendjer
Nehesy
Sobekhoptep III.
Neferhotep I.
Sobekhotep IV.
Ay
Neferhotep II.

14. Dynastie *(parallel zum Ende der 13. Dynastie, die aus unbekannten Gründen endete; die 14. Dynastie herrschte nur über das östliche Delta)*
Nehesi

15. und 16. Dynastie *(In dieser Dynastie übernahmen die Hyksos aus Asien die Macht in Ägypten und gründeten ihre Hauptstadt in Avaris)*
Scharek
Yaqub-Har
Chajan
Apophis I.
Apophis II.
Anather
Yakobaam

17. Dynastie *(diese Dynastie aus Theben versuchte, das Reich zurückzuerobern und die Hyksos zu vertreiben)*
Sobekemsaf II.
Antef VII.
Taa I.
Taa II.
Kamose

NEUES REICH
1570 bis 1070 v. Chr.

18. Dynastie Ahmose
Amenophis I.
Thutmosis I.
Thutmosis II.
Hatschepsut
Thutmosis III.
Amenophis II.
Thutmosis IV.
Amenophis III.
Amenophis IV. / Echnaton
Semenchkare
Tutanchamun
Eje
Haremhab

19. Dynastie Ramses I.
Sethos I.
Ramses II.
Merenptah
Amenmesse
Sethos II.
Siptah
Tausret

20. Dynastie Sethnacht
Ramses III.
Ramses IV. bis Ramses XI.

DRITTE ZWISCHENPERIODE
1070 bis 656 v. Chr.

21. Dynastie *(Hier gab es zwei königliche Lager: die Priesterkönige hatten die Macht über Oberägypten und regierten in Theben, während sich im Delta Smendes nach dem Tode Ramses XI. zum König über Unterägypten erklärte und seine Hauptstadt in Tanis gründete)*

Tanis	Theben
Smendes I.	Herihor
Amenemnesu	Pianch
Psusennes I.	Pinedjem I.
Amenemope	Masartha
Osochor	Menkheperre
Siamun	Smendes II.
Psusennes II.	Pinedjem II.

22. Dynastie *(aus Libyen oder Bubastis stammend; regierte in Tanis)*

Scheschonq I.
Osorkon I.
Scheschonq II.
Takelot I.
Osorkon II.
Takelot II.
Scheschonq III.
Pamai
Scheschonq V.
Osorkon IV.
Harsiese

23. Dynastie *(Dynastie aus Leontopolis in Zentralägypten; parallel zum Ende der 22. Dynastie, welche im Delta über Unterägypten herrschte)*

Padibastet I.
Scheschonq IV.
Osorkon III.
Takelot III.
Rudjamun
Iuput

24. Dynastie *(erste Dynastie von Sais)*
Tefnachte
Bokchoris

25. Dynastie *(die aus Nubien stammenden Könige von Napa übernahmen die Macht in Ägypten)*

Pianchi
Schabaka
Schabataka
Taharka
Tanotamun

EPOCHE DES NIEDERGANGS
664 bis 332 v. Chr.

26. Dynastie *(2. Dynastie von Sais)*
Psammetich I.
Necho
Psammetich II.
Apries
Amasis
Psammetich III.

27. Dynastie *(erste Perserherrschaft)*
Kambyses
Dareios I.

Xerxes
Artaxerxes I.
Dareios II.
Artaxerxes II.

28. Dynastie Amyrtaios

29. Dynastie Nepherites I.
Hakoris

30. Dynastie Nektanebos I.
Teos
Nektanebos II.

31. Dynastie *(zweite Perserherrschaft)*
Artaxerxes III.
Arses
Dareios III. Codoman

332 bis 323 v. Chr: Im Jahre 332 hielt Alexander der Große in Ägypten Einzug und befreite das Land von den Persern unter Dareios III. Nach seinem Tode ging Ägypten an seinen Statthalter Ptolemaios über, der im Jahre 305 den Pharaonentitel annahm und die Ptolemäerdynastie gründete)

DAS PTOLEMÄISCHE ÄGYPTEN
305 bis 30 v. Chr.:
Ptolemaios I. Soter
Ptolemaios II. Philadelphos
Ptolemaios III. Euergetes
Ptolemaios IV. Philopator
Ptolemaios V. Epiphanes
Ptolemaios VI. Philometor
Ptolemaios VII. Neos Philopator
Ptolemaios VIII. Euergetes II.
Ptolemaios IX. Soter II.
Ptolemaios X. Alexander I.
Ptolemaios XI. Alexander II.
Ptolemäus XII. Neos Dionysos
Ptolemaios XIII. und Kleopatra VII.
Ptolemaios XIV. und Kleopatra VII.
Kleopatra VII.

DAS RÖMISCHE ÄGYPTEN
30 v. Chr. bis 395 n. Chr.

HIEROGLYPHEN

In der ägyptischen Hieroglyphenschrift gibt es drei Arten von Zeichen: die **Phonogramme**, die **Ideogramme** und die **Determinanten**.

Etwa neun Zehntel aller Zeichen sind **Phonogramme**. Sie stehen für einen Laut und sind entweder *Uniliterale* (ein Zeichen, das für einen Konsonanten oder Halbkonsonanten steht), *Biliterale* (für zwei Konsonanten oder Halbkonsonanten) oder *Triliterale* (für drei Konsonanten oder Halbkonsonanten). Die Bi- und Triliterale werden von einem oder mehreren Uniliteralen, den *Phonetischen Komplementen*, begleitet, die den Klangwert dieser Zeichen verstärken.

Die **Ideogramme** verkörpern ein Konzept und erlauben es daher, ein ganzes Wort durch ein einziges Zeichen auszudrücken (z. B. »Boot« durch das Zeichen eines Bootes).

Die **Determinanten** werden nicht mit ausgesprochen, sondern dienen lediglich dazu, das vorhergehende Wort näher zu bestimmen; sie befinden sich immer am Ende des jeweiligen Wortes.

Bevor ein Hieroglyphentext übersetzt werden kann, muss der Ägyptologe zunächst den phonetischen Wert des Zeichens ermitteln. Dieser Prozess der **Transliteration** ist unumgänglich, um das ägyptische Wort aussprechen zu können. Doch sowohl in der Hieroglyphenschrift als auch in der Transliteration erscheinen nur die Konsonanten und Halbkonsonanten, und so ist eine korrekte Aussprache des geschriebenen Wortes im Grunde unmöglich. Die übertragenen Konsonanten müssen anschließend noch zusätzlich durch Vokale verbunden oder die Halbkonsonanten in Vokale verwandelt werden.

Hieroglyphen können von oben nach unten, von rechts nach links oder von links nach rechts geschrieben werden (wir bedienen uns aus Gründen der Einfachheit meist der letzteren Methode), jedoch nie von unten nach oben. Die Zeichen wurden meist nach ästhetischen Prinzipien arrangiert, weniger nach der Kohärenz; der Schreiber ordnete die Zeichen so an, wie sie räumlich am besten zusammenpassten, da sie sehr unterschiedliche Formen haben können.

Die Uniliterale

Geier
Aussprache: **a**
Transliteration: *3*

Binse
Aussprache: **i**
Transliteration: *i*

Doppelte Binse
Aussprache: **y**
Transliteration: *y*

Unterarm
Aussprache: **a**
Transliteration: *c*

Wachtelküken
Aussprache: **u**
Transliteration: *w*

Bein
Aussprache: **b**
Transliteration: *b*

Sitz
Aussprache: **p**
Transliteration: *p*

Hornviper
Aussprache: **f**
Transliteration: *f*

Eule
Aussprache: **m**
Transliteration: *m*

Rinnsal oder Krone
Aussprache: **n**
Transliteration: *n*

Mund
Aussprache: **r**
Transliteration: *r*

Grundriss
Aussprache: **h**
Transliteration: *h*

Leinenstrang
Aussprache: betontes **h**
Transliteration: *ḥ*

Placenta (?)
Aussprache: **j**
Transliteration: *ḫ*

Vulva der Kuh (?)
Aussprache: **s**
Transliteration: *ẖ*

Riegel oder Wäsche
Aussprache: **z**
Transliteration: *s*

Becken
Aussprache: **sch**
Transliteration: *š*

Abhang
Aussprache: **k**
Transliteration: *ḳ*

Korb mit Henkel
Aussprache: **k**
Transliteration: *k*

Amphorenständer
Aussprache: **g**
Transliteration: *g*

Brot
Aussprache: **t**
Transliteration: *t*

Schnur oder Stößel
Aussprache: **t**
Transliteration: *t*

Hand
Aussprache: **d**
Transliteration: *d*

Kobra
Aussprache: **dsch**
Transliteration: *d*

Einige Biliterale

 Eingerolltes Lasso
Aussprache: **wa**
Transliteration: *wa*

 Auffliegender Vogel
Aussprache: **pa**
Transliteration: *p3*

 Sichel
Aussprache: **ma**
Transliteration: m3

 Papyrusstrauß
Aussprache: **ha**
Transliteration: *ḫ3*

 Lotosblüte
Aussprache: **kha**
Transliteration: *ḫ3*

 Ente
Aussprache: **sa**
Transliteration: *s3*

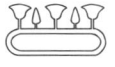 **Sumpf, überschwemmtes Gebiet**
Aussprache: **scha**
Transliteration: *š3*

 Erhobene Arme
Aussprache: **ka**
Transliteration: *k3*

 Feueranzünder
Aussprache: weiches **dscha**
Transliteration: *ḏ3*

 Vase in einem Netz
Aussprache: **mi**
Transliteration: *mi*

 Harpune und Harpunenschleuder
Aussprache: weiches **wa**
Transliteration: *wc*

 Sonne hinter einem Hügel
Aussprache: hartes **ka**
Transliteration: *ḫc*

 Brustkorb eines Tieres
Aussprache: **au**
Transliteration: *3w*

 **Drei Rinnsale**
Aussprache: **mu**
Transliteration: *mw*

 Gefäß
Aussprache: **nu**
Transliteration: *nw*

 Ruhender Löwe
Aussprache: **ru**
Transliteration: *rw*

 **Arm und Hand mit einer Geißel**
Aussprache: hartes **ku**
Transliteration: *ḫw*

 Pflanzenstängel mit Blättern
Aussprache: **su**
Transliteration: *sw*

 Straußenfeder
Aussprache: **tschu**
Transliteration: *šw*

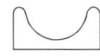 **Zwei Berggipfel**
Aussprache: weiches **dschu**
Transliteration: *ḏw*

 Korb
Aussprache: **neb**
Transliteration: *nb*

 Rinderhörner
Aussprache: **up**
Transliteration: *wp*

 Kopf im Profil
Aussprache: **tep**
Transliteration: *tp*

 Schlitten
Aussprache: **tum**
Transliteration: *tm*

 Hase
Aussprache: **un**
Transliteration: *wn*

 Spielbrett
Aussprache: **men**
Transliteration: *mn*

 Grasbüschel
Aussprache: **hen**
Transliteration: *ḥn*

 Zwei rudernde Arme
Aussprache: **tschen**
Transliteration: *ḫn*

 Pfeilspitze
Aussprache: **sen**
Transliteration: *sn*

 Menschliches Auge
Aussprache: **ir**
Transliteration: *ir*

 **Kleiner Vogel**
Aussprache: **ur**
Transliteration: *wr*

 **Grundriss**
Aussprache: **per**
Transliteration: *pr*

 Sense
Aussprache: **mer**
Transliteration: *mr*

 Gesicht frontal
Aussprache: **her**
Transliteration: *ḥr*

 Büschel von Leinpflanzen
Aussprache: **dscher**
Transliteration: *dr*

 Bündel von Fuchspelzen
Aussprache: **mes**
Transliteration: *ms*

 Vase für Trankopfer
Aussprache: **hes**
Transliteration: *ḥs*

 Schlinge
Aussprache: **sches**
Transliteration: *šs*

 Geier
Aussprache: **met/mut**
Transliteration: *mt/mwt*

 Von einem Pfeil durchbohrte Haut
Aussprache: **set**
Transliteration: *st*

 Thron
Aussprache: **set**
Transliteration: *st*

 Pfeiler der Dauer
Aussprache: **djed**
Transliteration: *ḏd*

Einige Triliterale

Lebenssymbol
Aussprache: **ankh**
Transliteration: *ᶜnḥ*

Herz und Luftröhre
Aussprache: **nefer**
Transliteration: *nfr*

Skarabäus
Aussprache: **keper**
Transliteration: *ḫpr*

Mast
Aussprache: **aha**
Transliteration: *ᶜḥᶜ*

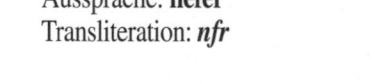
Stab mit Fahne
Aussprache: **netscher**
Transliteration: *ntr*

Drei Gefäße für Trankopfer
Aussprache: **kenet**
Transliteration: *ḫnt*

Säule, Pfeiler
Aussprache: **jun**
Transliteration: *iwn*

Karobfrucht
Aussprache: **nedjem**
Transliteration: *nḏm*

Lungen
Aussprache: **sema**
Transliteration: *sm3*

Besen
Aussprache: weiches **wah**
Transliteration: *w3ḫ*

Palmwedel
Aussprache: **renep**
Transliteration: *rnp*

Hacke auf Hackklotz
Aussprache: **setep**
Transliteration: *stp*

Zepter mit Schakalkopf
Aussprache: **usir**
Transliteration: *wsr*

Brot auf einer Matte
Aussprache: **hetep**
Transliteration: *ḥtp*

Falle
Aussprache: **gwereg**
Transliteration: *grg*

Biene
Aussprache: **bit**
Transliteration: *bit*

Papyrusstängel
Aussprache: **wadj**
Transliteration: *w3ḏ*

Zepter der Götter
Aussprache: **was**
Transliteration: *w3s*

Einige Determinanten

Sitzender Mann
männliche Gottheiten

Betender Mann
Bitte, Anrufung oder Gebet

Oberer Teil des Gesichts
Nase, Geruchssinn oder Freude

Sitzende Frau
weibliche Gottheiten

Mumie auf dem Totenbett
Substantive mit Bezug auf den Tod

Zwei aufeinander weisende Arme
Umarmen und umfassen

Stilisiertes Himmelszelt
Himmel und Kosmos

Schreibwerkzeuge
Schreiber und Schrift

Zwei voneinander weisende Arme
Verneinung oder negative Themen

Himmelszelt mit Blitz
Nacht und Dunkelheit

Segel
Wind, Atem und Schifffahrt

Herd, Feuerstelle
Feuer, Hitze oder Kochen

Stern
Sterne und Konstellationen

Klettergerüst für Pflanzen
Reben, Wein, Obst und Gemüse

Messer
Messer, schneiden oder durchtrennen

Gefangener
Feind, Rebell oder Fremder

Arm, der ein Gefäß hält
Opfer und Geschenk

Waage
Waage oder wiegen

Harfe
Saiteninstrument oder Harfe

Sitzender Würdenträger
Adliger oder erhabener Mann

Symbol für Gold
Edelmetall

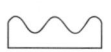
Berg
Wüsten und fremde Länder

Grundriss
Häuser, Gebäude, Bauwerke

Kartusche
Königlicher Name oder König

BIBLIOGRAFIE

Arnold, Dieter, *Die Tempel Ägyptens. Götterwohnungen, Kultstätten, Baudenkmäler,* Zürich 1992

Arnold, Dieter, *Lexikon der ägyptischen Baukunst,* Zürich 1994

Assmann, Jan, und Burkard, Günter, *5000 Jahre Ägypten. Genese und Permanenz pharaonischer Kunst,* Heidelberg 1983

Assmann, Jan, *Ägypten. Theologie und Frömmigkeit einer frühen Hochkultur,* Stuttgart 1984

Assmann, Jan, *Maat. Gerechtigkeit und Unsterblichkeit im Alten Ägypten,* München 1990

Brunner, Hellmut, *Altägyptische Religion. Grundzüge,* Darmstadt 1989

Brunner, Hellmut, *Grundzüge einer Geschichte der altägyptischen Literatur,* Darmstadt 1986

Delacampagne, Christian, und Lessing, Erich, *Geheimnisvolles Ägypten,* Eltville 1991

Donadoni, Sergio, *Der Mensch des Alten Ägypten,* Frankfurt / New York 1992

Eggebrecht, Arne, *Das Alte Ägypten. 3000 Jahre Geschichte und Kultur des Pharaonenreiches,* München 1984

Eggebrecht, Eva, *Ägypten – Faszination und Abenteuer,* Mainz 1982

Golvin, Jean-Claude, und Goyon, Jean-Claude, *Karnak – Ägypten. Anatomie eines Tempels,* Tübingen 1990

Hodel-Hoenes, Sigrid, *Leben und Tod im Alten Ägypten. Thebanische Privatgräber des Neuen Reiches,* Darmstadt 1991

Hölbl, Günther, *Geschichte des Ptolemäerreiches. Politik, Ideologie und religiöse Kultur von Alexander dem Großen bis zur römischen Eroberung,* Darmstadt 1994

Hornung, Erik, *Das Totenbuch der Ägypter,* Zürich / München 1990

Hornung, Erik, *Der Eine und die Vielen. Ägyptische Gottesvorstellungen,* Darmstadt 1990

Hornung, Erik, *Die Nachtfahrt der Sonne. Eine altägyptische Beschreibung des Jenseits,* Zürich / München 1991

Hornung, Erik, *Grundzüge der ägyptischen Geschichte,* Darmstadt 1988

James, Thomas G. H., *Pharaos Volk. Leben im Alten Ägypten,* Zürich / München 1989

Kampp, Friederike, *Die thebanische Nekropole, Teil 1 und 2,* Mainz 1996

Koch, Klaus, *Geschichte der ägyptischen Religion. Von den Pyramiden bis zu den Mysterien der Isis,* Stuttgart 1993

Kurth, Dieter, *Treffpunkt der Götter. Inschriften aus dem Tempel des Horus von Edfu,* Zürich / München 1994

Lurker, Manfred, *Lexikon der Götter und Symbole der alten Ägypter,* Bern / München 1987

Sauneron, Serge, und Stierlin, Henri, *Die letzten Tempel Ägyptens. Edfu und Philae,* Zürich / Freiburg i. Br. 1978

Siliotti, Alberto, *Ägypten. Götter – Tempel – Pyramiden,* Erlangen 1994

REGISTER

Abu Simbel 92
Abydos 14, 28, 44, **74, 84**, 86, **113, 120, 121, 122, 123**
Achmim 58, **121**
Adler **18**
Ägyptisches Museum von Kairo 64, 76, 90
Ahmes **52**
Aker **30, 104, 120**
Akhet (Jahreszeit) **102**
Akhetaton 22
Alexandria 64, **90**, 113, **121**
Altes Reich **12, 22, 34, 39, 54, 60, 74, 78**, 78, **94, 100, 120, 123, 124**
Amaunet **12, 120**
Amenemhet III. **60, 124**
Amenophis II. **34,47, 76,125**
Amenophis III. **22, 62, 76**, 125
Amenophis IV.-Echnaton **22**, 22, **76, 120, 125**
Amset **70, 80, 82**, 82, **121, 122**
Amulett 26, **28, 32, 48, 60**, 110, **118, 122**
Amun **12**, 12, **15, 22**, 22, **38, 52, 54**, 54, **58**, 58, **60**, 60, **62, 78, 83, 86, 88, 90, 114, 119, 120, 121, 122, 123**
Amun-Min **12**
Amun-Re **12, 22, 54, 83, 121**
Anat **47, 94**
Ankh (Lebenssymbol) **12, 22, 26, 43, 48, 60, 72, 74, 78**, 78, 86, **97**, 100, **118, 122, 128**
Antilope **85, 88, 100**
Anubis **14, 15**, 15, **43, 48, 57, 58, 66, 70**, 70, **74, 80, 81, 82, 88, 106, 114, 120, 122, 123**
Anukis **32, 52, 85, 86, 88**, 110, **120, 121, 123**
Aphrodite **90**
Apis **18**, 18, **78, 88, 90**, 90, **114, 120, 122**
Apollo **90**
Apophis **20**, 20, **21, 43**, 43, **51, 54, 64, 71, 72, 88, 94**, 94, **114, 120**

Armant 60
Artemis **26, 90**
Äskulap **60**
Assiut 14, **121**
Assuan 52
Astarte **94**
Atef (Krone) **74**, 74, **90, 119, 122**
Athene **90**
Aton **22**, 22, **114, 120**
Atum **12, 24, 25**, 25, **30, 31, 42, 50**, 50, **64, 72, 83, 95, 96, 114, 120, 123**
Avaris 94, **113, 124**

Ba (Seele) **12, 82, 122**
Baal **47**
Bastet **18, 26**, 26, **28, 62, 86, 88, 90, 116, 120, 121, 122**
Bes **28**, 28, **38**, 110, **114, 119, 120**
Biene **66, 76, 128**
British Museum 97
Bubastis 26, **62**, 113, **120, 121, 125**
»Buch der himmlischen Kuh« 83
»Buch dessen, was sich im Duat befindet« 20, 51, **122**
Buto 62, **66, 76, 113, 121**
Byblos 39, **74**

Chaos **20, 24, 26, 31**, 31, **36, 43, 51**, 58, **71**, 82, 85, **86, 94, 120, 122**
Chemnis 44, **46, 106**
Chemu (Jahreszeit) **58, 102**
Chen (Symbol) **66**, 66, **118**
Cheops **39, 124**
Chepre **24, 25, 42, 50**, 50, **51, 64, 72, 83, 88, 95, 114, 120, 123**
Chephren **34**, 34, **83, 124**
Chnum **32, 52**, 52, **54, 64, 83, 85, 86, 88, 114, 119, 120, 121, 122, 123**
Chons **12, 54**, 54, **60, 62, 86, 90, 100**, 100, **115, 119, 120, 121, 123**
Coptos 58, 113, **121**
Crocodilopolis 88, 100, 113, 122
Cynopolis 14, **15**

Deir el-Bahari 38, **52**, 66
Deir el-Medineh 15, **47**, 94, 96, 102, 110
Delta (des Nil) 26, 32, **43, 44, 47, 62**, 64, 64, **67, 74, 76, 89, 100, 120, 121, 124, 125**
Demeter **90**
Demiurg **25, 30, 31, 38, 40, 52, 64**, 64, **71**, 71, **86, 96, 97, 104, 105, 106, 121, 122**
Dendara 28, **38, 39, 40**, 40, **113**
Dionysos **90**
Djed (Pfeiler) **12**, 66, **70, 74, 78**, 78, 86, **118, 122, 127**
Dritte Zwischenperiode 15, **31, 43, 47**, 72, **125**
Dromos 62, **122**
Duamutef **70, 80**, 82, 82, **88, 121, 122**
Duat (das Jenseits) **20, 51, 122**

Epoche des Niedergangs **18**, 18, 26, **28, 32, 36**, 36, **50, 52, 58, 62, 64, 78, 81, 89, 94, 106, 121, 125**
Erste Zwischenperiode **60, 123, 124**

Falke **18, 22, 34, 36, 42, 43, 44**, 44, **47**, 47, **54, 58, 60**, 60, **66, 70**, 70, **76, 82**, 82, 83, **88, 100**, 100, **120, 121, 122, 123**
Fisch **32, 36, 54, 74**
Flusspferd **21, 43, 88, 95, 96, 110**, 110
Frosch **52, 88, 120**
Füllhorn **38, 90**, 90

Gazelle **88, 96, 120**
Geb **24**, 24, **30, 31, 32, 34, 48, 70, 72, 74, 83, 94, 96, 97, 104, 105, 120, 121**
Geier **12**, 60, **62, 66**, 66, 67, **74, 76**, 76, **88, 121, 126, 127**
Geist 15, **20, 28, 32**, 32, **70, 72, 82, 85, 86, 88, 89, 97, 120, 121, 122**
Gizeh 34, 34, **47, 113, 120, 123**

Sowohl im Index als auch im Buchtext erscheinen:
fettgedruckt und schräggestellt die Namen der Götter des ägyptischen und griechischen Pantheon;
schräggestellt die Namen der Pharaonen, Kaiser und Königinnen
fettgedruckt die Eigennamen (wichtige Persönlichkeiten und Orte), ägyptische Wörter, Schlüsselbegriffe und Werktitel
Im Index beziehen sich die **fettgedruckten Ziffern** auf den Buchtext und die schmalfett gedruckten Ziffern auf die Bildtexte.

Griechisch-römische Epoche **20, 36, 38, 52, 67, 70**, 105
»Große Seelenfresserin« **56**, 58, **80,** 82, 106, **123**

Hapi **70, 80, 82,** 82, **88, 121, 122**
Harachte **22, 42, 43, 44, 47,** 88, **114, 119, 120**
Harmachis **34,** 34, **44, 47,** 47, **88, 100,** 100, **120**
Haroeris **34, 36, 44, 47, 72, 88, 100,** 100, **120**
Harpokrates **28, 36,** 36, **38, 44,** 47, **90, 116, 120**
Harsiese **44,** 47
Harsomtus **44,** 47, **86**
Hathor **15, 26, 28, 38,** 38, **39, 40,** 40, **44, 48, 52, 83, 85, 86, 88, 89, 90, 94,** 94, **100,** 100, **105, 116, 118, 119, 120**
Hatschepsut 38, 52, 66, **125**
Heliopolis **12, 24,** 24, **25,** 25, **31,** 31, **34, 42, 44, 48, 50, 70, 88, 89, 90, 94, 96, 100,** 104, **105,** 106, **113, 120, 121, 122, 123**
Hemen 47
Hephästos 90
Heqa (Zepter) 74, **118, 123**
Heqet 52, **88, 116, 120**
Herakles 12, **90**
Herishef 47
Hermes 90
Hermupolis 12, **38, 62, 71, 78, 106, 113, 120, 122**
Herodot 12, **18, 26, 71, 78, 82, 90, 100**
Herr der Welt **24, 34, 43, 47, 48, 83, 94, 95, 96, 110, 123**
Hierakonpolis 38, **44, 113, 122**
Horus Behedety **39, 40, 43**
Horus der Alte **24,** 24, **30, 34, 36, 70, 72, 83, 88, 94, 102, 120, 121**
Horus **15, 18, 22, 24, 28, 34,** 34, **36,** 36, **38, 39, 40, 42, 43, 44,** 44, **46, 47,** 47, **48, 50, 57, 58, 66, 67, 70,** 70, **74, 76, 81,** 82, **86, 88, 89, 90, 94, 95, 96, 100, 102, 106,** 106, **114, 116, 118, 119, 120, 122, 123**
Hund **14,** 14, **43,** 88, **90**
Hurun **34, 44, 47,** 47, **88, 120, 123**
Hurun-Harmachis **34,** 47

Ibis **18,** 58, **88, 106,** 106, **121, 122**
Ihet **52, 64, 116**
Irta 12
Isis **14, 15, 20, 24,** 24, **28, 30, 34, 36,** 36, **38,** 38, **39, 44, 46, 47, 48,** 48, **50, 52, 64, 67, 70,** 70, **72, 74, 82, 83, 86, 88, 89, 90, 94, 95, 96,** 100, **102, 106, 116, 119, 120, 121, 122, 123**
Isisknoten **48,** 70, **110, 118, 122**
Iunit 60

Jenseits **14, 15,** 15, 20, **21, 22, 48,** 48, **51, 64, 70,** 70, **74, 82,** 82, **83, 88, 104, 106, 120, 121, 122, 122, 123**
Jubiläum **54, 92**

Ka (Seelendoppelgänger) **52, 82, 122, 123, 127**
Kanopen (Krüge) **64, 70, 80, 82, 88, 89, 121, 122**
Karnak 12, **54, 60,** 60, **62, 113, 120**
Kartusche 66, **76** 118, **122, 128**
Katze **18, 26,** 26, **39, 62, 86, 88, 120, 121, 122**
Kematef 12
Khentimetiu **14, 74, 120**
Kheper (Skarabäus) **50, 118, 122, 128**
Kobra 12, **32, 34, 39,** 54, **62, 66,** 66, **76,** 76, **85, 86, 88, 119, 121, 123, 126**
Kom Ombo (Ombos) **34, 36, 100,** 100, **113, 120, 121**
Königstitel 44, **60, 66, 76, 83, 123**
Kosmogonie **12, 24,** 25, **34,** 34, **44, 50, 71, 72, 74, 78, 97, 104, 120, 121, 122, 123**
Kosmografie 51, **122**
Krokodil **18, 28, 34, 43, 47, 64, 88, 100,** 100, **110, 121, 122**
Kuh 15, **18, 38,** 38, **39, 40, 48, 52, 64, 72, 78, 85, 88, 89,** 102, **116, 119, 126**

Legende **14, 24, 30, 32, 36, 38, 43, 48, 64, 74, 83, 85, 90, 97, 105, 110, 123**
Leto 90
Lotos 32, **38, 62,** 62, **66, 78, 86, 119, 121, 123, 127**
Louvre 12, **15, 18, 20, 26, 31, 32, 36,** 43, 44, 47, 48, 50, 52, 54, 58, 62, 70, 72, 74, 78, 85, 89, 106
Löwe **34,** 34, **88, 96, 97,** 97, **105, 110, 122, 123, 127**
Löwin **26, 39, 48, 62, 78, 86,** 86, **88, 105, 121**
Luxor 12, **54, 60, 66, 113, 120**

Maat **26, 43,** 57, 58, **58, 76, 81,** 82, 85, **106,** 106, **116, 118, 119, 120, 122, 123**
Magie 20, **44, 50, 89, 92, 110**
Magier(in) 15, **20, 44, 46, 48, 50, 88, 89, 106, 120**
Memphis 12, **15, 18,** 18, **39, 62, 71, 74, 78,** 78, **86,** 86, **88, 94, 100, 104, 113, 120, 121, 122, 123, 124**
Mentuhotep 60, **124**
Meskhenet 52

Min **38, 58,** 58, 60, **90, 115, 119, 121**
Mittleres Reich **12,** 69, **88, 120, 123, 124**
Mond **36, 40, 54,** 54, **72, 74, 102, 106, 120, 121**
Month 60, 60, **88, 115, 119, 121**
Mumie **15,** 15, **26, 48, 74, 100, 120, 123, 128**
Mumifizierung **15,** 15, **66, 82, 88, 120, 122**
Mut **12,** 12, **54,** 54, **60, 62, 86, 88, 100, 116, 120, 121, 123**
Mythos **15, 24, 26, 34, 38, 43, 46, 48, 64, 74, 83, 94, 106,** 106, **123**

Name der zwei Herrinnen (2. Titel) 66, **76, 123**
Name des Goldenen Horus (3. Titel) **76, 123**
Name des Horus (1. Titel) 44, **76, 123**
Name des Königs von Ober- und Unterägypten (4. Titel) **76,** 122, **123**
Name des Sohnes des Re (5. Titel) **76,** 83, **122, 123**
Narmer **38, 124**
Nechbet **60, 66,** 66, **67, 74, 76,** 76, **88, 117, 119, 121**
Nechen **38, 47**
Nectanebo I. 64, **125**
Nefertem **62,** 62, **78, 86, 115, 119, 121, 123**
Neith **20, 48, 52, 64, 65, 70, 82, 88, 90, 94, 96, 100, 116, 119, 121, 122**
Nekropole **14, 15,** 15, **18,** 18, **34,** 34, **38,** 38, **39, 40, 44, 52, 74, 78,** 78, **100, 104, 120, 121**
Nemes (Königliches Kopftuch) **34,** 76
Nephthys **14, 15, 24,** 24, **30, 34, 44, 48, 52, 64, 67, 70,** 70, **72, 74, 82, 83, 88, 94, 102, 116, 117, 119, 121, 122**
Neues Reich **12,** 12, **15,** 18, **20, 22, 25, 34, 38,** 38, **47, 48, 54,** 54, **60,** 60, **62, 66, 74, 76, 85,** 85, **86,** 86, **92, 94, 96, 97, 102, 106, 110, 121, 123, 125**
Nil **18, 32,** 32, **39, 40, 47, 51, 52,** 52, **54, 64, 66, 71, 74, 85, 88, 100, 102, 105, 120, 121, 122**
Nilflut **32,** 32, **47, 52, 71, 85, 100, 102, 105, 120, 121**
Niltal **15, 26, 28,** 28, **32, 48, 54, 58, 64, 102, 105, 122, 123**
Nubien **43, 60, 85, 105**
Nun **12, 24, 25, 32, 50, 62, 64, 71,** 82, **83, 85, 97, 104, 121**
Nut **24,** 24, **30, 31, 34, 40, 48, 70, 72,** 72, **74, 83, 85, 88, 94, 96, 97, 105, 117, 120, 121**

Opet **48**
Osiris 14, **15**, 15, 18, **18, 22, 24**, 24,
30, **32, 34, 36**, 36, **39, 44, 48, 48, 56,
57, 58**, 58, **70, 71, 72, 74**, 74, **78, 80,
81**, 82, **83, 86, 90**, 90, **94, 96, 100,
102, 104, 1-6**, 106, **110, 115, 116,
118, 119, 120, 121, 122, 123**
»*Osirislegende*« **15, 36, 48**, 67, **70, 74,
89, 94, 123**
Ost-Theben **60**
Pan **90**
Panebtaui **34**
Pantheon **12, 14, 22**, 22, **24, 28**, 28,
**32, 36, 44, 48, 54, 64, 74, 78, 83,
85, 86, 90, 94, 100, 104, 106**, 110,
120, 121, 122
Papyrus **20**, 25, **28**, 31, **47, 50, 52, 57**,
58, **66, 74, 76, 78, 81**, 97, **104, 106,
118, 119, 123, 127, 128**
Pavian 43, **70, 82**, 82, **88, 106**, 106,
121, 122
Pega 30, **104**
Pepi I. **38, 39, 124**
Peret (Jahreszeit) **102**
Perseus **90**
Philae 48, 113
Plutarch 38, **50, 74, 90, 123**
Pluto **90**, 90
Pschent (Krone) 12, **70, 76, 119, 122**
Ptah **12, 18**, 18, **62, 78**, 78, **86**, 86, **90,
100, 104, 115, 120, 121, 122, 123**
Ptah-Sokar **100, 104**
Ptah-Sokar-Osiris **78, 100, 104, 121**
Ptah-Tatenen **78, 104, 121**
Ptolemäer **39, 90**, 90, **125**
Ptolemäische (griechische) Epoche **28**,
28, **40, 57**, 58, **90, 100**, **121**
»*Pyramidentexte*« **12, 22, 36, 54, 62,
85, 123**

Qadesh **60**
Qebsenuf **70, 80, 82**, 82, **88, 89, 121,
122**

Ramses II. 60, **76, 83, 92**, 92, **125**
Ramses III. 48, **76, 83, 125**
Ramses VI. **72, 76**, 102, **125**
Rattawi **60**
Re 18, 18, **24, 25**, 25, **26, 30**, 31, **32**,
34, **36, 38, 39, 40, 42, 43**, 43, **44, 46**,
48, 50, 50, **51, 52, 58, 62, 64, 72**, 72,
76, 78, 83, 85, 85, **86, 86, 88, 94**, 94,
96, 97, 100, 102, 102, **104, 105, 106**,
106, **115, 116, 119, 120, 121, 122,
123**
Re-Atum **24, 44, 83, 121, 123**
Re-Atum-Chepre **24**, 24, **25, 34**, 34,
72, 96, 105, 123
Re-Harachte **42, 43, 83, 121**
Renenutet **48, 121**

Reshep **47**
Römische Epoche **34, 39, 92**

Sais 52, **64**, 64, **94, 96, 100**, 113,
121, 125
Saqqara **18**
»*Sarkophagtexte*« **26, 71, 123**
Satet **32, 48, 52, 85, 86, 88, 117, 120,
121, 123**
Schabaka **78, 104, 125**
Schlange **12, 20**, 20, **21, 28, 43, 44**, 44,
48, 51, 54, 64, 71, 72, 88, 94, 94,
110, 120, 121
Schöpfungsmythos **24**, 24, **48, 70, 71**,
78, 83, 92, 96, 120, 121, 122, 123
Schu **24**, 24, **25, 26, 30, 31**, 31, **72, 83**,
85, 88, 96, 96, **97**, 97, **100, 104, 105**,
115, 117, 121, 122
Sebek **18, 34, 47, 64, 83, 88, 100**, 100,
115, 119, 121, 122
Sechmet **26, 48, 62, 78, 86**, 86, **88**,
105, 117, 121, 123
Seelengericht (Wiegen des Herzens)
56, 58, 58, **80, 82, 106**, 106, **120,
121, 123**
Selket **44, 48, 64, 70, 82, 88, 89**, 89,
117, 119, 121, 122
Sema-Taui (Vereinigung der beiden
Länder) **118, 123**
Serapeum 18, 18, **120**
Serapis **90**, 90, **121**
Seschat 92, 92, **117, 119, 121**
Seth **14, 15**, 15, **20, 24**, 24, **30, 34, 36**,
43, 44, 46, 47, 48, 48, **66, 67, 70, 72**,
74, 83, 88, 89, 90, 94, 94, **95, 96**,
102, 106, 106, **115, 121, 123**
Sethos I. **28, 83, 86, 92, 94, 102**,
102, **125**
Sethos II. 25, **94, 125**
Sirius 102, **121**
Sistrum 22, **26, 39, 43, 54**, 118
Skarabäus **18**, 25, **42, 50**, 50, **51, 83**,
88, 118, 120, 122, 128
Skorpion **28, 44, 48, 70, 88, 89**, 89,
119, 121, 122
Sokar **74, 78, 88, 100, 104, 115, 121**
Sonne **12, 22, 24, 25**, 25, **26**, 31, **32**,
34, 36, 39, 40, 40, **42, 43**, 43, **50**, 50,
51, 52, 60, 62, 62, **64, 66**, 66, **71, 72**,
72, 74, 83, 85, 86, 86, **88, 94, 96**, 96,
97, 97, **102**, 102, **105, 106, 117, 118**,
120, 121, 123, 127
Sopdu **115, 121**
Sothis **102**, 102, **117, 119, 121**
Sphinx **34**, 34, **47, 62, 88, 120, 122, 123**
Stele **18**, 18, **22, 28, 34**, 44, **64**, 72, **78**,
104, 123
Stier **18**, 18, **76, 78, 88, 100, 120, 121, 122**
Straußenfeder 43, **58**, 58, **82, 85, 96**,
106, **118, 119, 122, 127**

Taharqa 47, **125**
Tal der Könige 25, **51, 72, 83**,
102, 122
Tasenetneferet **34**
Tatenen 30, **78, 104, 121**
Tefnut **24**, 24, **25, 26, 30, 31, 32**, 72,
83, 88, 96, 96, **97**, 97, **104, 105**,
117, 121
Tell el-Amarna **22**, 22, **113**
Theben 12, **15**, 15, **22, 58, 60, 62**,
86, 100, 120, 121, 122, 123,
124, 125
Thoeris **88, 110**, 110, **117, 121**
Thot **18, 26, 31, 36, 43**, 43, **44, 46, 54**,
57, 58, 64, 72, 74, 80, 82, **88, 89, 90**,
92, 94, 96, 102, 105, 106, 106, **110**,
115, 121, 122, 123
Thutmosis I. **52, 76, 125**
Thutmosis III. 60, **76, 125**
Thutmosis IV. **34, 76, 125**
Tod (Stadt) **60**
»*Totenbuch*« **15, 20**, 21, **25**, 97,
106, 123
Totengericht (Seelengericht) **14, 15**,
56, 58, **81, 106, 123**
Triade **12, 34, 54, 60, 62, 78, 85, 86**,
100, 100, **110, 120, 121, 123**
Tutanchamun **76**, 76, **125**
Typhon **90**

Uas (Zepter) 12, **43, 72, 74, 78**, 78, **86**,
100, 118, 123, 128
Unas **12, 54, 123, 124**
Unennefer 74
Unterwelt **15, 20**, 20, **22, 39, 51, 58**,
74, 78, **82, 96**, 97, **100, 104, 106**,
121, 122, 123
Upuaut **14, 115, 121**
Uräus-Schlange 12, **32, 34, 40, 54**, 74,
85, 123
Ushebti (Stellvertreterstatuette)
18, 123

Verstorbene(r) (Tote/r) **14, 15**, 15, **20**,
21, 22, 34, 38, 39, 43, 48, 48, **51, 56**,
57, 58, 58, **64, 70, 74, 80, 81, 82**, 82,
85, 88, 89, 97, **102**, 102, **104, 106**,
106, **120, 121, 122, 123**
Vier Söhne des Horus **80, 82**, 82,
121, 122
Vogel **36, 54, 82**, 97, **122, 127**

Wadjet **62, 66**, 66, **67, 76**, 76, **88, 90**,
117, 119, 121
West-Theben 15, **25, 38, 66, 94**, 102,
110, **113**
Widder **12**, 25, **38**, 50, **52**, 52, **54, 64**,
74, **88, 104, 119, 120**

Zeus 12, **90**